Luca Stefano Cristini

STORIA DELLA GUERRA dei TRENT'ANNI

LA FASE DANESE-OLANDESE (1625-1629)

Volume II

SOLDIERSHOP PUBLISHING

AUTORE

Luca Stefano Cristini, bergamasco, appassionato da sempre di storia militare. Ha diretto per diversi anni riviste nazionali specializzate di carattere storico e uniformologico. Ha al suo attivo numerose collaborazioni con i principali editori di materie storiche come Albertelli, De Agostini, Mondadori (Focus) e Isomedia per varie loro pubblicazioni. Ha pubblicato il suo primo importante lavoro, su due tomi, dedicato alla guerra dei 30 anni (1618-1648) il primo mai stampato in Italia sull'argomento. L'autore ha oggi al suo attivo molti titoli delle collane Soldiershop, Bookmoon e Museum sia in qualità di autore che di illustratore.

NOTE EDITORIALI

RINGRAZIAMENTI

L'autore desidera ringraziare in particolare Bruno Mugnai che in anni di amicizia e collaborazione mi ha instillato e rafforzato la passione per il "secolo barocco", dai parrucconi, a Henry Purcell, da Gustavo Adolfo a Wallenstein... Ringrazio qui anche gli antichi collaboratori della prima storica edizione. Da Ugo Barlozzetti, Giuseppe Pogliani e Sergio Valzania, Peter Engerisser, il sig. Friker di Dinkelsbul, Gianpaolo Bistulfi e Olga Dugo. Dimentico certamente (e me ne scuso) molti altri che nel corso degli anni hanno dato il loro prezioso contributo a che questo lavoro vedesse finalmente la luce. La stragrande maggioranza delle immagini, in special modo quelle inedite, e la gran parte delle stampe originali del 600 appartengono all'autore. Per tutte le altre fonti si ringraziano ovviamente tutti i musei, i collezionisti privati e gli archivi fotografici dalle quali provengono e che dove possibile hanno concesso e fornito gentilmente il materiale fotografico per il volume. L'Editore rimane in ogni caso a disposizione degli eventuali aventi diritto per tutte le fonti iconografiche dubbie o non identificate.

Ad Amilcare e Giuseppina

Title: **1618 - 1648 STORIA DELLA GUERRA DEI TRENT'ANNI**
Vol. 2 La fase danese-Olandese (1625-1629)
By Luca S.tefano Cristini. First edition by Soldiershop. September 2018

ISBN code: 978-88-93273602
Published by Luca Cristini Editore, via Orio, 35/4 - 24050 Zanica (BG) ITALY.
www.soldiershop.com - www.cristinieditore.com

Luca Stefano Cristini

1618-1648

Storia della Guerra *dei* Trent'anni

LA FASE DANESE-OLANDESE (1625-1629)

Volume II

SOLDIERSHOP PUBLISHING

▲ *Archibugieri danesi a cavallo con corazza.*

CAPITOLO 4

LA FASE DANESE OLANDESE
(1625-1629)

LE PRIME MOSSE FINO A LUTTER AM BARENBERG

Re Cristiano IV di Danimarca

Nell'estate del 1624 sembrava che la guerra fosse prossima alla fine.

I nemici dell'imperatore erano ovunque battuti ed in rotta. Il Brunswick era stato ripetutamente sconfitto, Mansfeld aveva liquidato i suoi armati ed il principe di Transilvania firmato una nuova, ennesima tregua.

Fino ad allora i due grandi sovrani protestanti del nord i Re di Svezia e di Danimarca, erano rimasti poco più che spettatori ad osservare gli eventi. Il primo a pensare ad una "crociata luterana" fu l'impetuoso Re di Svezia Gustavo Adolfo. Sollecitato dall'Inghilterra e dalla Francia, potenze riavvicinatesi in seguito al matrimonio fra il principe di Galles ed Enrichetta di Francia, sorella di Luigi XIII, il leone del Nord elabora un piano ambizioso e di conseguenza assai oneroso. Gustavo Adolfo pretese il comando assoluto, offendendo in tal modo il re danese che si sentì scavalcato. Non se ne farà nulla, Re Giacomo d'Inghilterra divenne prima esitante, e quando parve che in qualche modo si potesse finalmente dare vita all'alleanza con la Svezia, ecco affacciarsi Re Cristiano IV di Danimarca con un piano più modesto ma assai meno dispendioso.

Gustavo Adolfo rompe immediatamente ogni trattativa e disgustato, si rigetta nell'ennesima zuffa con la Polonia anche detta guerra di Prussia, che proseguirà fino al 1629.

A conseguenza di questo fatto altri "alleati" come il Brandeburgo e la Russia lasciano la coalizione. Ora la nuova minaccia all'imperatore è incarnata dalla Danimarca, dalle Province olandesi e dall'Inghilterra che nel frattempo ha un nuovo Re in Carlo I, essendo venuto a mancare il 27 marzo del 1625 suo padre Re Giacomo.

Nell'aprile dello stesso anno muore anche il governatore olandese, il principe Maurizio d'Orange. A favorire Cristiano di Danimarca, anche la parentela che lo legava alla corte inglese essendo zio della regina di Boemia e di Re Carlo I.

Era inoltre un principe tedesco dell'impero, e vantava antichi legami con il circolo della Bassa Sassonia. Per Cristiano i territori tedeschi potevano costituire un comodo appannaggio per i suoi figli e anche un utile modo per controbilanciare l'espansione svedese nel Baltico orientale.

A muovere Re Cristiano non fu comunque solo l'ambizione o il desiderio di contrasto con gli svedesi. I suoi consiglieri erano contrari a quest'intervento, ma il re mise il punto sull'indipendenza della Danimarca: con la Germania cattolicizzata a forza, ed il mare del Nord in mano agli Imperiali e agli spagnoli, la libertà per il paese nordico sarebbe stata fortemente compromessa. Il sovrano danese era anche un ottimo economo. Assai noto per la sua grande disponibilità di denaro, tanto da essere considerato fra i più ricchi del suo tempo (sono rimasti negli archivi reali danesi interessanti prospetti economici, che riassumono la florida situazione economica di Re Cristiano e questo spiega in parte la ragione del corteggiamento dei suoi alleati). Egli quindi si si mise al lavoro puntando sulla collaborazione degli olan-

▲ *Battaglie e campagne militari Della fase Danese-Olamdese 1625-1629*

desi che però non poterono far molto, circondati com'erano dagli spagnoli. Dall'Inghilterra si attendeva anche molto aiuto, ma dall'isola arrivò il solo Mansfeld con una modesta armata e questo era tutto quanto il nipote Carlo gli mise a disposizione. Qualche soldo britannico arrivò pure al malconcio Brunswick, sempre pronto alla pugna con gli odiati nemici cattolici. Questi mise insieme un esercito numeroso, ma dal valore militare assai modesto, pieno com'era di contadini armati di sole falci e attrezzi simili.

La causa infine nutriva qualche speranza in altri incerti alleati come Bethlen Gabor, Venezia ed il vitale circolo di staterelli della Bassa Sassonia che stava però nella scomoda posizione di chi si trovava fra l'incudine ed il martello.

Questi preferivano optare per una forzata neutralità, avendo il Tilly alle loro frontiere.

Tuttavia i loro duchi alla fine, sia pure a malincuore, e con un'esigua maggioranza elessero il Re danese a loro presidente e difensore.

Questi non perse tempo e cominciò subito nella sua opera d'arruolamento nei ducati sassoni.

Cristiano arruolò ed organizzò quindi un ingente esercito e con esso entrò nella Bassa Sassonia nella primavera del 1625 incontrando limitata resistenza. Cristiano aveva però scelto il momento meno adatto per un'invasione.

Come "cabalistico" segno premonitore subì un pericoloso incidente lungo il fiume Weser.

Visitando le fortificazioni della città di Hameln cadde rovinosamente da cavallo da un'altezza considerevole e perse conoscenza.

Per alcuni giorni fu dato per spacciato e alla fine sopravvisse soltanto per miracolo.

▲ *Il composito esercito guidato dal re di Danimarca va incontro al nemico. Jan van de Velde Riikmuseum Amsterdam.*

7

▲ *La compagnia militare del capitano olandese Albert Bas e del tenente Lucas Conijn. Opera di G.Flinck. Riikmuseum*

LE FASI DELLA GUERRA DEI 30 ANNI – CRONOLOGIA

Cronologia Fase Danese 1625-1629 (1618-1623)

Episodi, battaglie e diete, oltre che principali fatti artistici, scientifici o letterari riportate in ordine cronologico. Con asterisco sono indicate le vittorie protestanti.

1625 Gennaio scoppia la rivolta degli Ugonotti in Francia fino al 1629

1625 Marzo guerra anglo spagnola fino al 1630

1625 Marzo guerra di Genova fra i Savoia e la repubblica ligure

1625 27 Marzo muore re Giacomo d'Inghilterra gli succede Carlo I fino al 1649

1625 Aprile Cristiano IV viene eletto reggente della Bassa Sassonia

1625 Aprile muore Maurizio di Nassau gli succede Federico Enrico fino al 1647

1625 Giugno guerra di Prussia fra Svezia e Polonia fino al 1629

1625 Giugno conquista spagnola della piazzaforte olandese di Breda fino al 1637

1625 Luglio Wallenstein recluta un nuovo esercito.

1625 20 Luglio Tilly entra nel circolo della bassa Sassonia iniziando la guerra danese.

1625 29 Luglio scontro di Hoxter

1625 3 Settembre scontro di Nienburg *

1625 12 Ottobre incontro fra l'esercito della Lega e quello del Wallenstein

1625 Novembre vittoria navale di Cadice da parte degli spagnoli sugli inglesi

1625 4 Novembre scontro di Seeze

1625 9 Dicembre siglata l'alleanza dell'Aia

1626 Gennaio gli svedesi sconfiggono i polacchi nella battaglia di Wallhof *

1626 8 Marzo termine del trattato di tregua cosiddetto di Brunswick

1626 5 Marzo pace di Monzon tra Francia e Spagna chiude la contesa per la Valtellina.

1626 25 Aprile battaglia del ponte di Dessau

1626 Maggio scoppia la rivolta contadina in Austria fino a Settembre

1626 16 Giugno muore Cristiano di Brunswick

1626 27 Luglio scontro di Rossing

1626 27 Agosto battaglia di Lutter Am Barenberg

1626 30 Settembre battaglia di Neuhausel

1626 28 Dicembre pace di Pressburg (Bratislava) fra l'impero e la Transilvania

1626 viene ultimata e consacrata la basilica di san Pietro in Roma

1627 Girolamo Frescobaldi pubblica il secondo libro delle Toccate

1627 Keplero pubblica ad Ulm le tavole rudolfine sulla posizione dei pianeti

1627 Febbraio Wallenstein conquista il Mecklenburg, la Pomerania e l'Holstein

1627 Marzo conclusa un'alleanza franco-spagnola nei confronti dell'Inghilterra.

1627 25 Settembre battaglia di Heiligenhofen

1627 Ottobre assemblea di Muhlhausen

1627 Morte di Vincenzo II Gonzaga.

1627 Dicembre inizia la terza guerra di Mantova fino al Giugno 1631.

1628 Descartes scrive il dotto saggio: le *Regular ad directionem ingenii*

1628 Gennaio Wallenstein diventa duca di Mecklenburg sommandolo ad altri titoli.

1628 1 Aprile Ferdinando II reagisce alle manovre francesi e scatena la guerra di Mantova

1628 Maggio il duca di Baviera annette il Palatinato superiore.

1628 Maggio la Bassa Austria torna sotto giurisdizione imperiale.

1628 23 Maggio Inizia l'assedio della città di Stralsund fino al 28 Luglio

1628 Nicolò Barbieri termina l'opera *La supplica, discorso familiare*

1628 4 Agosto battaglia di Sampeyre fra ispano-sabaudi e francesi

1628 24 **Agosto** battaglia di Wolgast

1628 **Settembre** una flotta spagnola viene catturata dagli olandesi

1628 28 **Ottobre** caduta della Rochelle in Francia

1628 2 **Dicembre** Rubens porta a termine il ritratto equestre di Filippo IV

1629 **Marzo** L'esercito francese scende in Italia con Luigi XIII

1629 6-28 **Marzo** Ferdinando II emette il discusso editto di restituzione

1629 14 **Marzo** incontro di Ulfsback fra Cristiano IV e Gustavo Adolfo

1629 **Aprile** gli olandesi assediano Boscoducale che si arrende il 14 Settembre

1629 **Aprile** pace di Susa fra Francia e Inghilterra

1629 L'esercito imperiale invade l'Italia del Nord

1629 viene stampata a Londra la Historia del concilio tridentino di Paolo Sarpi

1629 22 **Maggio** Pace di Lubecca, che sancisce la sconfitta della Danimarca.

1629 17 **Giugno** battaglia di Honigfelde

1629 28 **Giugno** finisce la rivolta ugonotta

1629 **Agosto** gli spagnoli prendono Amersfoort, gli olandesi conquistano Wesel

1629 26 **Settembre** Tregua polacco-svedese di Altmark fino al 1635.

1629 **Novembre** muore Bethlen Gabor, gli succede Giorgio Rakoczi fino al 1648

1630 Gian Lorenzo Bernini porta a termine il busto di Urbano VIII

1630 Christoph Scheiner pubblica un trattato sulle macchie solari

1630 **Febbraio** i francesi occupano la Savoia. L'Italia è colpita da un epidemia di peste

1630 10 **luglio** battaglia di Avigliana

1630 **Luglio** Gli imperiali assediano e prendono Mantova e la saccheggiano brutalmente.

1630 **Luglio-Novembre** Riunione della dieta elettorale di Ratisbona.

1630 13 **Agosto** la dieta licenzia Wallenstein.

1630 **Settembre** conferenza di Zabeltitz fra Sassonia e Brandeburgo

1630 13 **Ottobre** pace di Ratisbona

▲ *Le truppe d'occupazione spagnole escono da Breda per una sortita. Hendrick de Meijer, Riikmuseum Amsterdam*

LA GUERRA DI PRUSSIA

Rimasto escluso dall'intervento di Re Cristiano di Danimarca, Gustavo Adolfo di Svezia rinunciò per il momento allo scacchiere tedesco e lanciò la sua personale terza invasione della Polonia nel 1625.

Fu immediatamente sorretto dalla grande vittoria di Wallhof del gennaio 1626 che gli permise di portare a termine la conquista della Livonia (storica regione oggi situata fra l'Estonia e la Lettonia). Qualche mese dopo occupò anche la neutrale Prussia, facendone una sua sicura base. Organizzò la regione, ne curò l'amministrazione e la obbligò a mantenere l'esercito con sistemi già utilizzati dal Wallenstein. I polacchi che, nel frattempo, avevano accettato la perdita della Livonia, invece non digerivano questa intrusione e cominciarono ad operare significative offensive. Questa nuova resistenza, unita a difficoltà logistiche, costrinsero Gustavo Adolfo a segnare il passo ed a rinunciare a nuove conquiste nonostante la presenza in zona di un esercito numeroso. La crisi di Stralsund del 1628, lo costrinse inoltre a rivolgere le sue attenzioni ad ovest. L'arrivo infine dell'armata imperiale dell'Arnim lo distolse ulteriormente. Per sua fortuna, i suoi due avversari non cooperavano; i polacchi infatti detestavano il Wallenstein.

Ciononostante l'attività di queste due forze nemiche provocarono il 17 Giugno 1629 la disfatta svedese di Honigfelde. Questa fu la più grande sconfitta patita da Gustavo Adolfo in tutta la sua carriera. Alla fine ebbe tuttavia la fortuna di stipulare un favorevole trattato di pace con i polacchi: la tregua di Altmark del 26 Settembre 1629 che gli permise di tenersi la Prussia fino al 1635. Gli eventi della guerra prussiana ebbero un forte condizionamento sulle future operazioni svedesi in Germania. Senza lo sfruttamento di questa vasta regione, Gustavo Adolfo avrebbe avuto grossi problemi finanziari per portare a termine la lotta all'imperatore. Inoltre la lunga guerra coi polacchi gli permise di mettere a punto la sua macchina bellica, di affinarne la tattica, così da poter contare in futuro su reggimenti di veterani guidati da valenti ed esperti ufficiali. Un grosso contrasto con l'improvvisazione militare manifestata invece dal Re danese.

Significativamente quando Re Gustavo sbarcò a Peenemunde era un generale che poteva vantare già una notevole esperienza di combattimento.

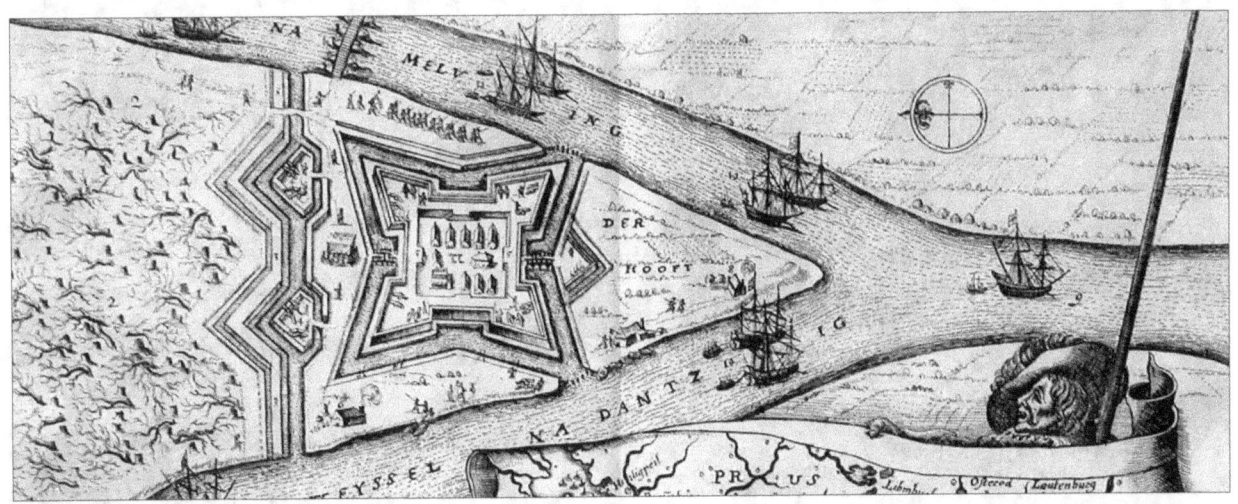

▲ *Il campo trincerato svedese sulla confluenza del Weyssel durante la guerra di Prussia. M.Merian da Theatrum Europaeum*

CRISTIANO IV DI DANIMARCA 1577-1648

Cristiano IV di Oldenburgo (Frederiksborg 1577 - Copenaghen 1648), Re di Danimarca e di Norvegia (1588-1648). Figlio di Federico II, gli succedette governando, in un primo tempo, con un consiglio di reggenza. Egli creò la marina militare, favorì l'industria ed il commercio, istituì un servizio postale regolare e fondò la città di Cristiania (Oslo) nel 1624. Dal 1611 al 161-3 condusse una guerra contro la Svezia per il dominio sul mar Baltico; nel 1625 partecipò alla guerra dei Trent'anni, ma fu costretto a firmare la pace di Lubecca (1629), abbandonando il tentativo d'espansione nella Germania settentrionale e ritirandosi dal conflitto. Un nuovo scontro con la Svezia (1643-1645) causò alla Danimarca la perdita di vasti territori nella penisola scandinava e sul Baltico. Sfavorito dalla comparazione con l'altro grande sovrano scandinavo, Gustavo Adolfo. Entrambi talentuosi ed amati dai loro popoli. Cristiano aveva un carattere più malleabile. Questo però giocò a suo svantaggio. L'ostinazione del Re svedese rivolta alla modernizzazione dell'esercito gli garantì invece una supremazia europea per diversi decenni. Cristiano profuse parecchio denaro nella sua impresa, ma disperse le sue energie su troppe aree e ciò provocò la sua sconfitta. Militarmente Re Cristiano era un buon organizzatore, ispirato alla tattica olandese, ma eccessivamente prudente, probabilmente per personale inesperienza, inoltre fu sfortunato nella scelta dei suoi collaboratori, generalmente inadeguati. Per contro fu un grande innovatore e modernizzatore del suo paese, operando valide riforme politiche e promuovendo sviluppi commerciali ed artistici. Politicamente conservatore, concedette agli incompetenti aristocratici la loro tradizionale autorità, anche se spesso agivano contro la sua politica. Il suo credo religioso era di un moderato luteranesimo, intollerante, ma esente da volontà missionarie. Il suo fisico possente gli permetteva di eccedere nei vizi capitali: a tavola, vino e donne, ed anche di far fronte a numerosi acciacchi ed incidenti subiti.

Uno su tutti la grande caduta da cavallo all'inizio della guerra in Sassonia. La sua lunga vita gli fu resa particolarmente grama negli ultimi anni, sempre più spesso marcati di umiliazioni militari, lutti in famiglia, rovesci politici.

Cavalleria danese prima metà del XVII secolo

◄ *Re Cristiano IV di Danimarca. Dipinto di Pieter Isaacsz del 1625 (museo di Frederiksborg)*

▲ *Bandiere danesi: Lo stendardo A è del 1644 e appartiene al reggimento Lollandske del maggiore Georg Maes. Bandiera B del 1626 appartenente ad un reggimento di fanteria o di cavalleria visti i colori validi per entrambi. Bandiera C la kings Life Regiment del principe Frederik Rantzow con il motto: "Ma Lancesses Non Impune". Bandiera D stendardo di cavalleria, precisamente di un reggimento di dragoni. Bandiera E stendardo di origine tedesca "adattato" alla danese con l'aggiunta della croce Bianca su fondo rosso. Bandiera F stendardo di fanteria del 144 risalente al periodo della Guerra di Thorstenson. Tavola dell'autore.*

WALLENSTEIN

In casa imperiale si stava intanto profilando un'importante novità. Nella primavera del 1625, dietro invito dei capi della Lega cattolica, assai preoccupati dall'attività di queste nuove forze protestanti, l'Imperatore si decise a mettere in piedi un esercito di ampie proporzioni per conto suo ed a lui direttamente dipendente,

Questo importante mutamento nella direzione militare delle forze cattoliche era dovuto a cause ben precise e ad ingerenti necessità di equilibrio delle forze da parte dell'Imperatore. I primi trionfi della Controriforma nella Boemia e nel Palatinato non furono infatti ottenuti tanto dal solo esercito imperiale di Ferdinando, ma soprattutto dai contingenti tedeschi di Massimiliano di Baviera. Che la protezione dell'Imperatore dipendesse così tanto da un vicino che poteva anche trasformarsi in rivale, era una situazione che Vienna considerava ormai intollerabile.

Una politica imperiale esigeva un esercito impe-

▲ *Il Regno di Danimarca. M.Merian da Theatrum Europaeum (Collezione dell'autore)*

15

riale e un comandante imperiale. Ecco allora, a soddisfare questa esigenza, la comparsa dell'enigmatica e potente figura di Alberto Venceslao von Waldstein, principe di Friedland, noto comunemente sotto il nome di Wallenstein.

Questo principe era un nobile boemo, utraquista per nascita e educazione (con questo nome erano indicati gli ussiti della Boemia, a cui era stato concesso l'uso del calice nel sacramento dell'Eucaristia), e un soldato che già aveva dimostrato le proprie qualità nella guerra contro i turchi e nella prima fase boema della guerra in corso.

Poco incline a questioni di religione, quando non si voglia definire tale l'astrologia; nutriva in compenso desideri e ambizioni sufficienti a creare o rovinare un impero. Dotato di un'enorme ricchezza, che egli aveva accumulato grazie alla guerra, alle speculazioni terriere e da azzardi fortunati. La sua ambizione non era inferiore al suo destino. Fece costruire un grande palazzo a Praga, in perfetto stile italiano: con lunghe sale ornate da pomposi candelabri, tappezzerie, quadri e altre curiosità ancora oggi visibili, tutte a testimonianza del buon gusto, dello splendore e della fortuna di Wallenstein.

Ecco, questo è l'uomo che si offriva ora di radunare, a proprie spese, un esercito per Ferdinando, con l'unica condizione che, mentre l'artiglieria e le munizioni catturate in guerra sarebbero state consegnate all'imperatore, il bottino invece sarebbe stato riservato alle sue truppe.

Il suo esercito era in sostanza un'impresa privata, in cui tutti gli ufficiali avevano una partecipazione finanziaria attendendosi un ricco profitto dai saccheggi delle regioni attraversate.

Negli anni dal 1625 al 1630, Wallenstein arruolerà eserciti sempre più numerosi: circa 60.000 uomini all'inizio, 110.000 nel 1627 fino al numero, enorme per i tempi, di 150.000 uomini sotto suo ruolo nel 1630. Di questi la percentuale degli uomini a cavallo era attorno al 20%, percentuale tuttavia che andò calando negli anni.

Così pure interessante è la composizione etnica delle truppe, in gran parte costituita da tedeschi, che erano attorno al 60% nel 1625, e col tempo cresciuti fino a quasi il 90% nel 1630.

LE PRIME MANOVRE

In ogni caso, sulle prime, vi erano ancora margini di manovra politica e di ricerca di una pace attraverso negoziati diplomatici soprattutto per opera dell'Imperatore e della Baviera; quest'ultimo sarebbe intervenuto a patto di poter conservare i vantaggi fin lì acquisiti. Ferdinando, con animo bonario, cercò di frenare gli ardimenti dei ducati sassoni e del Re danese, non avendo sincero desiderio di nuove cruente imprese.

Mandò loro diverse lettere amichevoli che però naufragarono nel loro intento anche per il malcelato tentativo dell'Imperatore di escludere il Magdeburgo dalle concessioni religiose che era il pegno per garantirsi la pace in quelle terre.

Questi flebili ed inutili tentativi protrassero soltanto il tempo delle incertezze, facendo passare quasi per intero quel tragico 1625.

Fu allora il Tilly il primo a muovere contro il nemico, attraversando il confine alla fine di luglio del 1625 ed entrando nella bassa Sassonia, esplicitamente invitato a far ciò dal suo Duca Massimiliano di Baviera, ormai ansioso di porre fine a queste perdurante stato d'indecisione. Iniziava così la fase militare detta danese-olandese.

Intanto il Wallenstein era riuscito nel miracolo di arruolare un robusto esercito di 30.000 uomini. Mise base nella cittadina boema di Eger, e da lì iniziò la sua lunga marcia verso il nord incurante di dover passare su territori amici, nemici o neutrali. Ogni popolazione, doveva necessariamente provvedere al mantenimento delle sue truppe di passaggio, e questa sarà da ora in poi una caratteristica costante della sua strategia.

Va detto però che a differenza di altri, Mansfeld su tutti, il Wallenstein si preoccupava di non affamare eccessivamente le già esauste popolazioni,

PAPA URBANO VIII 1568-1644

Urbano VIII, nasce a Firenze nel 1568 e muore a Roma nel 1644). Fu Papa, succedendo a Gregorio XV dal 1623 al 1644, quindi attraverso più dei due terzi della durata del conflitto. Al secolo Maffeo Barberini, nato da una nobile famiglia fiorentina, compì gli studi di diritto presso il Collegio Romano e cominciò il servizio nell'amministrazione pontificia nel 1589.

Nominato legato pontificio in Francia nel 1601 presso Enrico IV, divenne titolare dell'arcivescovado di Nazareth e nunzio in Francia nel 1604, cardinale nel 1606 e infine arcivescovo di Spoleto nel 1608. Eletto Papa, adottò una politica di cauta neutralità nei confronti del Sacro Romano Impero e della Francia, che, nella guerra dei Trent'anni, si era alleata con le milizie protestanti, indebolendo così la posizione della Chiesa cattolica in Germania.

Urbano VIII Tuttavia diffidava della politica di potenza della Spagna e favorì la diplomazia fra la Francia e la Baviera in chiave da poter bilanciare il potere degli Asburgo. La sua "simpatia" francese venne però messa a dura prova dall'innaturale alleanza stilata dal Richelieu con Gustavo Adolfo. Finalmente la crisi trovò uno sbocco nell'apertura del congresso di pace a Munster nel 1644, pochi mesi prima della scomparsa dello stesso pontefice. Attivo nelle questioni interne della Chiesa, approvò nuovi ordini religiosi.

Fondò nel 1627 il Collegio Urbano di Roma per la formazione di missionari, autorizzò la revisione del breviario nel 1631, e condannò il giansenismo nel 1642. Si macchiò tuttavia di nepotismo, poiché nominò diversi parenti a proficui incarichi ecclesiastici. Lo storico Parker ha calcolato che il papa versò ai propri nipoti cifre nove volte superiori a quelle stanziate in favore della parte cattolica in guerra. Dotto umanista, amante delle lettere e delle arti, fece costruire importanti edifici, tra i quali Palazzo Barberini a Roma e

la villa papale di Castel Gandolfo (oggi residenza estiva dei pontefici). Commissionò opere a Lorenzo Bernini, che realizzò il suo monumento funebre ed alcuni suoi busti. Durante il suo pontificato Galileo comparve una seconda volta di fronte all'Inquisizione per subire la condanna definitiva (1632). Nel 1639 Urbano proibì l'istituto della schiavitù in Sudamerica e nelle Indie Occidentali. Famoso infine l'episodio nel quale il Barberini ordinò a Bernini di sequestrare tutto il bronzo del Pantheon per realizzare il noto baldacchino di San Pietro, un sacrilegio di cui non si erano macchiati neppure i barbari. E fu allora che cominciò a circolare tra i romani scandalizzati il famoso detto *"quod non fecerunt barbari fecerunt Barberini!"*

▲ *Moschettiere e ufficiale dei corazzieri. Tavola di F.Gerash*

garantendogli ad esempio il seminato, la raccolta nei campi ed il prosieguo degli allevamenti.

Il 12 ottobre, al termine di una lunga marcia, il suo esercito s'incontrò nei pressi di Hameln, dove si trovata accampato, con l'esercito della lega, e nello stesso luogo dove poco tempo prima, era caduto rovinosamente da cavallo lo stesso Re danese. Insieme con il Tilly, i comandanti imperiali accordarono e pianificarono la continuazione della campagna del nord.

Le altre poche ed irrilevanti manovre del 1625 si risolsero in un piccolo scontro del 29 luglio a Hoxter vinto dal Tilly che gli assicurò le città di Hameln e Minden. Tilly tentò anche di impossessarsi, senza fortuna, della città fortificata di Nienburg ai primi di settembre, ma finì solo col perdere diversi uomini e subire un piccolo rovescio da parte di Giovanni Ernesto di Sassonia Weimar, generale al servizio di re Cristiano di Danimarca. I Danesi a loro volta, subirono un'altra piccola batosta in quella che fu una scaramuccia di cavalleria a Seeze il 4 novembre del 1625 in cui persero circa 500 uomini. Il rigore della stagione invernale fece sospendere le attività belliche, e di conseguenza si proposero condizioni di pace fra Cristiano e l'imperatore, firmate agli inizi del 1626 con il trattato di Brunswick.

La situazione di stallo tuttavia non poteva durare a lungo e Cristiano dovette affrontare gli eserciti della Lega (comandato da Tilly) e dell'imperatore (comandato da Wallenstein) e proprio ora che aveva disperatamente bisogno d'aiuto i suoi alleati si dileguarono. L'alleanza anglo-francese fu la prima a collassare. Intrappolato nei dilemmi di politica confessionale, e coinvolto in una pesante rivolta ugonotta nel suo paese, nella primavera del 1626 Richelieu abbandonò la guerra accettando di cedere la Valtellina alla Spagna con il trattato di Monzon del 26 marzo 1616.

Il cardinale aveva bisogno di quelle truppe per mettere sotto assedio la ribelle città costiera della Rochelle. Pochi mesi dopo, il governo france-

▲ *Spostamento di truppe in campagna nella prima metà del XVII secolo*

se rifiutò formalmente di unirsi all'alleanza anti asburgica e nel marzo del 1627 concluse addirittura un'alleanza militare con la Spagna per muovere guerra all'Inghilterra.

Come detto, il Re danese poteva quindi contare essenzialmente sul suo esercito, sui contingenti arruolati in Sassonia, sul raccogliticcio contingente, male armato del Brunswick e su quello del Mansfeld, meglio organizzato, grazie ai finanziamenti britannici. Quest'ultimo però non riconosceva apertamente l'autorità di comando da parte di Cristiano, ritenendosi soldato più esperto ed informato. A sua volta il pazzo di Halberstadt non voleva saperne di militare sotto il mercenario Mansfeld. L'inizio del 1626 vedeva l'esercito danese sistemato lungo il fiume Weser, e gli altri due contingenti in marcia nella Westfalia per ricongiungersi ad esso. Cristiano dirigeva una forza di 30.000 uomini assai validi (6.000 cavalieri, 24.000 fanti e sufficiente artiglieria) più truppe di guarnigione per altri 10.000 uomini.

Mansfeld poteva contare all'inizio su 12.000 uomini ridottisi a meno di 10.000 nel corso della campagna del 1625. Più numeroso, ma insignificante, il contingente del Brunswick.

IL PONTE DI DESSAU

La strategia protestante si risolse inizialmente, anche a causa della rivalità tra i comandanti, nell'intraprendere tre distinte operazioni.

Mansfeld avrebbe dovuto agire nel Magdeburgo dove stazionava il Wallenstein con l'intento di tenerlo staccato dal Tilly, impegnarlo e possibilmente sconfiggerlo con l'idea strategica di raggiungere la Slesia ed unire le proprie forze a quelle "promesse" di Bethlen Gabor che, nel gennaio dello stesso anno, aveva intavolato trattative in tal senso con Federico Palatino e gli Olandesi.

Re Cristiano ed il giovane Brunswick dovevano invece occuparsi dell'esercito della Lega.

Il Brunswick doveva entrare nell'Assia, sobillarla e farsela alleata. Trovò però un paese allo stremo,

demotivato e con nessuna intenzione di seguirlo. Deluso, il ventisettenne Cristiano di Brunswick, detto il pazzo di Halberstadt, rovinato senza più un proprio paese, con un braccio perso in battaglia e roso dalla malattia, morirà il 26 giugno 1626 nella sua Wolfenbuttel, per una grave infezione intestinale; "mangiato dai vermi" come dissero i cattolici. Uscì così di scena uno dei personaggi più romantici ed insieme tragici della guerra dei trent'anni. La situazione sul fronte opposto vedeva il Tilly tenere il Weser con circa 20.000 uomini, e costretto a lasciarne altri 15.000 in guarnigioni della zona. Wallenstein per contro, posto sull'Elba informò Vienna di avere ben 50.000 uomini sotto le sue bandiere.

Probabilmente la cifra era esagerata; il Collalto (generale italiano al servizio imperiale) gliene attribuisce meno di 30.000; in ogni caso il nuovo generale boemo disponeva di forze numerose.

La sua razionale visione della campagna in corso lo portò ad organizzare una solida linea difensiva lungo il fiume Elba. Costruì trincee e fortificazioni, robuste teste di ponte lungo tutti i passaggi più importanti della grande via d'acqua. Mansfeld aveva in animo di effettuare una manovra di rottura da qualche parte di questa spessa catena difensiva. L'occasione gli fu fornita da una deviazione effettuata da un generale al servizio danese: Philip Fuchs. Questi fu invitato dal re danese ad unirsi alle forze del Mansfeld, ma venne intercettato dall'esercito imperiale e sconfitto. Ritiratosi su Tangermunde, chiese l'aiuto del Mansfeld che, per fare questo, era costretto a scacciare le truppe imperiali dalle loro posizioni dalla testa di ponte di Dessau.

Così il 25 aprile, Mansfeld con 12.000 uomini fra olandesi, tedeschi, danesi, scozzesi e francesi si presentò di fronte alle munitissime difese della testa di ponte sull'Elba. Il rapporto di forze era a vantaggio di Mansfeld, ma in realtà la posizione tenuta dal luogotenente di Wallenstein, **Aldringen**, era imprendibile, sostenuta com'era

▲ *Artigliere al servizio delle armate imperiali. Tavola di F.Gerash*

da un'artiglieria mai vista prima. Inoltre altre truppe e bocche da fuoco erano state ben mimetizzate nella foresta attorno proprio per simulare truppe insufficienti, e l'esperto Mansfeld cadde nella trappola.

Impegnato in una lunga e sanguinosa battaglia di sei ore, perse quasi 6.000 uomini fra caduti e prigionieri, questi ultimi poi, da buoni mercenari, passarono immediatamente a militare nelle fila del Wallenstein. Il generale sconfitto riparò quindi nel Brandeburgo, non ostacolato in questa ritirata dal padrone di casa: il Duca Giorgio Guglielmo. Questo debole atteggiamento del Duca di Brandeburgo servirà a pretesto per le future vessazioni che Wallenstein porterà in quel ducato. Lo sconosciuto generale boemo aveva riportato la sua prima grande vittoria e si era così presentato al mondo!

▲ *La Battaglia al ponte di Dessau dell'aprile 1626. Incisione di Franz Hogenberg*

WALLENSTEIN, ALBRECHT WENZEL VON 1583-1634

Nato di sette mesi il 14 o il 24 settembre del 1583 Albrecht Wallenstein era figlio di un piccolo nobile boemo, feudatario del piccolo villaggio di Hermanitz e di altre terre vicine.

Valdstein era il nome in origine. Waldestein, Waldnstein, Walstein dizioni boeme a cui i tedeschi aggiunsero una sillaba o una lettera: Wallenstein, Wahlenstein. Tutte diverse definizioni per la stessa famiglia. Lo stesso Albrecht usò diverse di queste combinazioni. All'inizio del 1600 gran parte della sua famiglia è già deceduta: i genitori e molti fratelli e sorelle sono già sepolti nella chiesa di Hermanitz, dove ancora oggi si possono vedere le lapidi mortuarie. Ha studiato in diversi collegi ed università: Goldberg dove apprese il latino, Altdorf vicino a Norimberga, collegio presso il quale il giovane Wallenstein profuse le sue più alte manifestazioni di giovanile aggressività ed infine a Padova per scienze politiche. Lì ebbe occasione di apprendere la lingua italiana che apprezzò per tutta la vita. Amava molto discorrere nella nostra lingua e molte sue lettere sono piene di espressioni italiane.

Era legato da parentela anche con le migliori famiglie boeme dell'epoca direttamente coinvolte nei due fronti della ribellione: Smiricky, Slavata e Zierotin. Orfano dei genitori passò alcuni anni in casa di uno zio, giocando con il suo figliolo, un cugino che diverrà presto famoso: Guglielmo Slavata, uno dei defenestrati di Praga, il quale però nutrì, peraltro sempre ricambiato, una feroce antipatia per Wallenstein.

I Wallenstein erano ussiti fin dall'inizio della riforma. Albrecht nel 1606 fece una conversione pratica ed opportunistica alla fede cattolica e si pose risolutamente al servizio asburgico.

Seppe però mantenere sempre, nei confronti della religione, un atteggiamento realistico ed assai tollerante. Due anni dopo, secondo la moda corrente, si fece fare l'oroscopo dal dotto Giovanni Keplero. La cosa strana fu che Keplero azzeccò parecchio di quello che avvenne successivamente, non sappiamo se per mera fortuna, coincidenza, o per abile interpretazione psicologica del soggetto analizzato sia pure indirettamente (ed infine per chi crede: per buona e scientifica analisi astrologica...).

Questo avvenimento ed altri simili testimoniano che Wallenstein come Rodolfo, maturò per tutta la vita un vivo interesse per la magia, l'alchimia, l'astrologia e la superstizione. Ma mentre questa "Fede" era certa per il saturinino imperatore, vi è il grosso dubbio che Wallenstein, molto intelligente, "adottasse" questa e altre caratteristiche per servirsene, spiazzando e prendendosi gioco degli avversari. Un realista ed opportunista molto sofisticato. Le fonti ci dicono che si sposò una prima volta con un'anziana, brutta, ma ricchissima vedova, che morì quattro anni dopo il matrimonio, lasciando il nostro unico erede di un immenso tesoro. Nove anni dopo si risposò. Questa volta si scelse una donna giovane e bella che aveva la metà dei suoi anni, figlia di una delle più importanti famiglie austriache, assai vicina all'imperatore, cosa che lo avvicinava sempre di più, integrandolo al mondo tedesco.

Le vicende della ribellione boema, che dopo la grave sconfitta alla Montagna Bianca privava i nobili ribelli delle loro proprietà diedero al Wallenstein una nuova occasione di formidabile speculazione grazie alla grossa disponibilità di danaro e altre fortunate coincidenze che lo favorirono, anche in qualità di governatore militare della Boemia che allora ricopriva. In pochi anni si trovò ad essere uno degli uomini più ricchi dell'impero. Fra il 1623 ed il 1624 divenne feudatario di una grossa provincia, quasi uno staterello, e venne nominato prima conte, poi principe e signore di Friedland. Più tardi signore anche del Meclemburgo, sovrano di un territorio enorme. Contemporaneamente cresceva la sua carriera di comandante militare.

Wallenstein mise il suo esercito di mercenari al servizio dell'imperatore Ferdinando II e si distinse nelle guerre contro il principe di Transilvania Bethlen Gábor.

Nel 1626 sconfisse, nella battaglia di Dessau, il mercenario Mansfeld e in seguito costrinse sia Mansfeld che Bethlen a ritirarsi dalla guerra. Nel 1627 Wallenstein avanzò fino allo Jutland, costringendo alla ritirata anche l'esercito del Re danese Cristiano IV e l'anno successivo si impossessò del ducato del Meclemburgo. I suoi piani di unificare la Germania sotto la sovranità dell'imperatore furono però vanificati quando fallì l'attacco alla città portuale di Stralsund.

Militarmente non si può definire il Wallenstein come un grande tattico, alla stregua del Tilly, ma fu, molto probabilmente, il migliore organizzatore della sua epoca. Concepì inediti sistemi di arruolamento, armamento, supporto ed equipaggiamento assai moderni ed innovativi.

Insuperato maestro in queste necessità e dotato di una buona e viva intelligenza che gli permise un'acuta visione strategica, economica e politica della situazione. Ciò favorì i suoi successi militari che lo resero il personaggio più significativo ed importante dalla metà degli anni venti fino al suo assassinio avvenuto nel 1634. Questi successi gli alienarono anche la simpatia di quasi tutti i suoi prossimi alleati o nemici che fossero.

Il binomio operativo che costituiva con l'Imperatore lo schermò in ogni caso da quasi tutte le trame, almeno fino alla comparsa sulla scena del leone svedese. Subito dopo l'invasione della Germania da parte di Gustavo II Adolfo, i principi cattolici alleati di Ferdinando II, temendo le conseguenze del progetto di Wallenstein di costituire un impero fortemente centralizzato, insistettero per destituirlo e nel 1630 ottennero che egli venisse sostituito dal generale Tilly.

Nel 1631, però, questi venne sconfitto nella battaglia di Breitenfeld e quindi ferito a morte nella battaglia sul Lech. Wallenstein fu allora immediatamente richiamato dall'Imperatore.

Tornato in sella, scacciò le truppe sassoni dalla Boemia e respinse il tentativo di Gustavo Adolfo di prendere d'assalto il suo accampamento ad Alte Feste vicino a Norimberga.

Nel novembre del 1632 l'esercito di Wallenstein subì una mezza sconfitta a Lützen, dove però perse la vita il suo grande rivale Gustavo Adolfo. Si disse quindi che il realista Wallenstein preparasse, allora, i piani per un'alleanza con i nemici dell'imperatore per assicurare la pace e la tolleranza religiosa e riorganizzare l'impero sotto la propria autorità. Sospettoso della crescente ambizione e del potere di Wallenstein, Ferdinando II nel 1634 lo rimosse dal potere e ne favorì l'assassinio. Fatto che avvenne a Eger in circostanze ancora oggi poco chiare, così come poco chiare furono le reali intenzioni diplomatiche del Wallenstein con i nemici svedesi. Abbiamo pochi ritratti autentici espressivi di Wallenstein. Il più noto è opera di Van Dyck, ma l'artista olandese non ha mai conosciuto, né visto il nostro personaggio. Si tratta di un ritratto stilizzato: uno sfondo di montagne, corazza, sciarpa, bastone di

▲ *Albrecht Wallenstein. Tavola di F.Gerash*

comando; i tratti gravi del dominatore. Altri paiono ritratti dal vero, ma non vuol dire che Wallenstein abbia posato; non ne avrebbe avuto né il tempo, né la voglia. Il volto che ci rimandano è quello di un principe molto intelligente e arguto. Non di un principe amabile. Pieno di potenza e durezza: occhi profondi e vivi, fronte alta, guance scarne, zigomi forti, baffi e pizzetto alla moda seicentesca. Questa immagine ritrae fedelmente le descrizioni coeve: serio, parla poco, è riservato e altezzoso nei rapporti con i suoi pari, terribile verso i subalterni; quel " *superbo di Waldstein* ", la " *bestia orgogliosa* ". All'inizio degli anni '30 Wallenstein ha ancora quattro anni da vivere, già affetto da malattie ad uno stadio avanzato. Lo sguardo sempre rigido, controllato. Wallenstein si era abituato a offrire di se un comportamento, che gli sfuggiva solo quando si sentiva veramente bene o si adirava. Del resto ho già sostenuto l'ipotesi che anche le sue maniere brusche e i suoi eccessi d'ira fossero opportunistica finzione.

Egli dimostrò che anche una caratteristica naturale può essere finalizzata. I ritratti lo rappresentano con la corazza, che egli indossò raramente, mentre dai conti delle sartorie risulta che amasse il rosso: " *Diciotto cubiti di frangia lunga rosso carminio per i guanti di Sua Grazia il principe* "; " *un vestito rosso scarlatto, fittamente guarnito di rosso carminio e con un giustacuore di raso rosso* ". Figurano poi il *"color cuoio"*, il *"color bruno "*, il *"color cenere"*. Non corrisponde dunque al vero la tradizione secondo la quale si sarebbe generalmente vestito di nero, sempre con qualche particolare in rosso, una consuetudine che veniva spiegata con motivi di superstizione. È un uomo molto pulito in un'epoca che non dava alcun conto all'igiene. Ama i bagni e in genere l'acqua. Si fece costruire una vasca d'argento con relativa panca, anch'essa d'argento; un'altra *"grande vasca"* venne fabbricata da un orefice di Praga. Probabilmente, mentre si godeva i suoi bagni profumati perdeva l'aura di durezza e severità. Severità spesso più di facciata, Wallenstein infatti è più incline a minacciare che non ad applicare punizioni, fustigazioni, torture od esecuzioni.

In casa sua, nell'elegantissima dimora praghese, tovaglie e tovaglioli non potevano essere usati più di una volta. È di salute cagionevole. Era tormentato, come molti suoi contemporanei dalla gotta: questo malanno doloroso provocato da diete caratterizzate da eccessi di sale e carne che dapprima gonfia con atroci sofferenze le dita dei piedi per poi localizzarsi nelle articolazioni, dove forma dei nodi e dissecca la pelle, finché questa si screpola e si aprono ulcere. Può provocare anche turbe alla digestione e coliche intestinali, per coinvolgere infine il cuore. Wallenstein, per sua fortuna, non giunse mai a questo stadio della malattia. Possiamo supporre che la malattia gli affliggesse solo i piedi. Della sua gotta diceva: "*... la briccona mi è venuta di nuovo ai piedi...*". Alcuni mesi dopo: " *ora sto più sdraiato che in piedi...* ". Perciò calza comodi stivali imbottiti di pelo. Il gottoso deve astenersi dall'alcool.

In principio Wallenstein amava il vino, ne era buon intenditore, e a volte ancora gli si abbandona: *"Oggi mi sono preso una sbornia con l'ambasciatore"*. Ma più del vino Wallenstein ama bere la birra, che oltretutto esercita una blanda azione lenitiva, specialmente in persone sofferenti di disturbi gastrici. Dove c'è Wallenstein, deve esserci la birra. Ama imbandire grandi tavolate, come provano numerose testimonianze d'archivio di ordini e fatture. Ma, come nel bere, deve misurarsi anche nel mangiare: fagiani, pernici, verdura fresca, frutta, altri cibi leggeri: "*... prego anche di informare mia moglie che il mio Signore fa dire che sto bene e imparo a mangiare sunka crudo e a bere brodi... ".* *Sunka* è la parola ceca per prosciutto (Schinken); uno dei rarissimi esempi del fatto che l'antica madrelingua boema si insinua ancora nel suo tedesco. Scrive meglio, con stile più conciso, plastico e arguto di qualsiasi altro signore tedesco del tempo in numerose lin-

gue: tedesco, boemo, latino, francese ed italiano
come già ricordato. Scrive anche moltissimo e
nello stile e alla moda del tempo. Infine, ama

concludere le sue lettere con enormi firme piene di arditi svolazzi; favorito in questo dalla sua
elegante "W" iniziale.

▲ *Unione Evangelica (esercito protestante): Kavallerie (archibugieri a cavallo) del Braunschweig-Wolfenbuttel (1625-30)*

LA CAMPAGNA DI SLESIA

La notizia della sconfitta di Dessau creò molto sconcerto allo stato maggiore del Re Cristiano, ma le forze protestanti riuscirono a reagire. Truppe al comando di Giovanni Ernesto Sassonia Weimar furono inviate a rinforzare il settore. Quanto al vecchio Mansfeld, egli si dimostrò ancora una volta quel vecchio e tenace soldato indomito. Ritiratosi a Zerbst per leccarsi le ferite, diede prova delle sue indubbie capacità organizzative ed all'inizio di maggio aveva di nuovo sotto i suoi servizi un'armata di 10.000 uomini ed un nuovo piano da presentare al Re di Danimarca. La guerra dell'Elba era finita come sappiamo. La sua nuova meta era ora la Slesia, una delle province più ricche dell'impero e popolata da numerosissimi protestanti scontenti.

Il piano ottenne le critiche dei luogotenenti di Cristiano, il quale invece ne apprezzò le potenzialità strategiche. L'idea di un tridente: Mansfeld, Gabor e lui; che soffocava Vienna, lo affascinava molto e finì con l'appoggiarlo.

Il 30 giugno iniziava la spedizione per la Slesia con le truppe di Mansfeld, di Giovanni Ernesto e di altri contingenti danesi a rinforzo.

Wallenstein cominciava intanto ad elaborare con una certa costanza i suoi progetti grandiosi.

Aveva in animo di concludere la guerra del nord puntando, congiuntamente con i bavaresi direttamente su Amburgo, Lubecca e sull'Holstein, sconfiggere Cristiano e ricacciarlo là dove era venuto. Ebbe luogo allora l'incontro di Duderstadt fra Tilly, Wallenstein ed alcuni inviati fiamminghi, che offrirono l'aiuto della Spagna per conquistare Lubecca e di unire la guerra imperiale alla loro guerra olandese. Non se ne fece nulla,

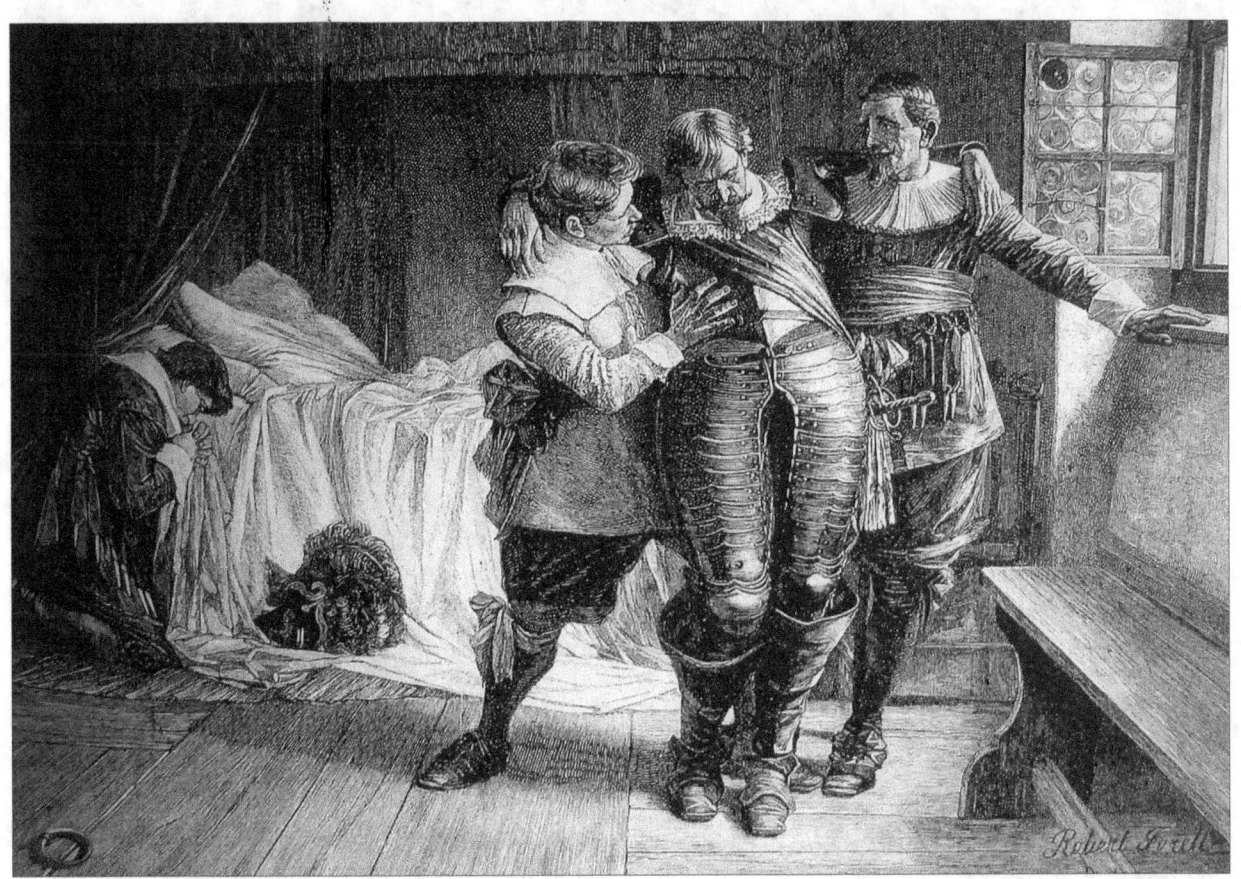

▲ *La Morte del Conte Mansfeld avvenne in uno sperduto villaggio della Bosnia il 30 Novembre 1626. Dipinto di R.Forelle 1886*

▲ *Cristiano IV a Rosenborg con Hans von Steenwinckel nel 1638, dipinto di Karel van Mander*

ma Wallenstein fece tesoro di quell'incontro. Nel frattempo Mansfeld cominciava a mostrare chiaramente la via verso la quale si stava indirizzando, allarmando non poco le cancellerie imperiali. In più, nello stesso periodo era sorto un nuovo problema nella Bassa Austria, territorio allora dato in pegno alla Baviera dall'Imperatore per il saldo debitorio contratto per la prima campagna boema. Era scoppiata una ribellione contadina sotto la guida di un grosso agricoltore di nome Stefano Fadinger, che aveva mostrato di saperci fare come organizzatore militare, sconfiggendo il governatore locale in campo aperto a Wels e costringendolo a rifugiarsi a Linz.

La capitale della Bassa Austria il 24 giugno fu posta sotto assedio da questo esercito di contadini che ormai sommava a più di 50.000 uomini accompagnati da trenta cannoni. Nelle due capitali cattoliche, spaventate, si levarono grida d'aiuto. Si reclamavano truppe, che solo Wallenstein poteva fornire. In quel frangente però Il generalissimo se ne privava malvolentieri. Inoltre aveva già dovuto lasciare 8.000 uomini a Tilly per aiutarlo a fronteggiare re Cristiano. La situazione che si andava concretizzando non era certo delle migliori per il campo cattolico.

Wallenstein avverte nel suo animo che si tratta di una precisa strategia avversaria. Quattro fronti contemporaneamente: Gabor, Mansfeld, Cristiano ed ora i contadini austro-bavaresi. Nota che il malumore contro la tirannia asburgica è assai diffusa e ramificata. Il suo pessimismo è crescente, tuttavia decide di passare all'azione con tutti gli uomini che gli restano.

Nel frattempo Cristiano si era mosso per andare a cozzare contro Tilly, ma informato dei rinforzi ottenuti da questi, ripiegò sulla base di Brunswick nell'attesa di occasioni migliori, mostrando in definitiva, ancora una volta, di mancare dell'audacia che certamente non fece difetto al suo collega e rivale: Gustavo Adolfo re di Svezia.

Il 7 agosto dalla base di Zerbst, Wallenstein con 30.000 uomini e 50 cannoni si mise all'inseguimento di Mansfeld nella sua lunga marcia verso il sud. Passò sui territori della neutrale Sassonia, provocandone malumori e vibrate proteste che puntuali giunsero a Vienna.

L'imperatore, costretto, mandò imploranti missive al suo generale invitandolo ad una maggiore moderazione. Intanto questa strana rincorsa, questa campagna fantasma proseguiva incessantemente. Mansfeld, in vantaggio temporale, arrivò per primo in Ungheria dove trovò uno stanco principe Gabor. Contemporaneamente anche l'esercito imperiale era assai provato.

L'attraversamento di lande desolate con il suo lunghissimo esercito pieno di cortigiane, avventurieri e famigli al seguito, gli provocava enormi problemi di sussistenza ed organizzazione.

Percorre 30 chilometri al giorno. Una distanza considerevole per l'epoca, anche se a Vienna, ipocritamente c'è chi lo rimprovera per la sua lentezza. I due serpentoni di armati si muovono per mesi e percorrono centinaia di chilometri.

Spesso si avvicinano, ma non si incontrano mai. Il 20 dicembre presso Kremsier i due eserciti giungono a vista, Mansfeld, però riesce di nuovo a sottrarsi. L'unico scontro piccolo e poco decisivo dell'intera campagna si avrà il 30 settembre a Neuhausel dove drappelli della cavalleria imperiale riescono ad avere la meglio sui cavalieri di Bethlen Gabor, mentre il grosso degli eserciti avversari si fronteggiano solo a tarda sera senza peraltro dare inizio ai combattimenti. La mattina dopo i transilvani sono scomparsi. Nella notte hanno infatti abbandonato il campo. Preludio all'uscita di scena definitiva di Bethlen Gabor, già minato dall'idropisia, che il 28 dicembre firmò un'ultima definitiva tregua a Pressburg.

Vivrà ancora fino al 1629, ma non avrà più alcuna parte attiva nel grande conflitto.

Gli altri due generali protestanti erano invece giunti al capolinea: Mansfeld isolato, con scarse truppe, lontano dalle proprie basi, fu costretto a licenziare i pochi che ancora stavano con lui.

Scese in Bosnia con l'intento di raggiungere Ragusa e poi, per via mare, Venezia. Gravemente malato di tubercolosi incontrò quasi solitario la morte per malattia nei pressi di Sarajevo il 30 Novembre 1626. Qualche settimana dopo, per ragioni simili moriva in Slesia anche il giovane generale tedesco: Giovanni Ernesto di Sassonia Weimar, rampollo di una famiglia guerriera che fornirà numerosi membri alla causa contro l'Imperatore. Così insieme all'altro avventuriero Cristiano di Brunswick morto nell'estate precedente, tre dei più fieri avversari dell'impero, in queste prime fasi della guerra, uscirono definitivamente dal palcoscenico della storia. Presto personaggi assai più potenti seguiteranno l'opera da loro iniziata. Così gli oltre ottocento chilometri percorsi dall'esercito del Wallenstein, durante i quali non si assistette a nessuno scontro apprezzabile, avevano finito con l'essere una grande vittoria strategica, che aveva prima contenuto e poi staccato ben due dei quattro rami dell'offensiva protestante. Ora rimaneva praticamente il solo re danese a fronteggiare l'esercito della lega cattolica, capitanato dal valido ed esperto Tilly.

Nelle prossime pagine parleremo quindi della grandiosa battaglia di Lutter am Barenberg che metterà la parola fine anche alle ambizioni politiche di re Cristiano di Danimarca!

▲ *Giovanni Ernesto I di Sassonia-Weimar (1594 – 1626)*

LA CAMPAGNA DI LUTTER AM BARENBERG

Abbiamo lasciato Tilly di guardia a Re Cristiano. Il generale fiammingo occupò i mesi da maggio a luglio a rinforzare le proprie posizioni in Westfalia, Assia e sulla linea del Weser. Nell'attesa di novità dal fronte della Slesia, nessuno dei due schieramenti osava prendere l'iniziativa. Tilly aveva già occupato le città di Hameln, Minden e Calenberg. Pose quindi sotto assedio Gottingen, costringendo Cristiano all'azione; questi si mosse verso Calenberg, con l'intento di distrarre il nemico dall'assedio di Gottingen. In questa fase s'inserisce il fatto d'arme di Rossing del 27 luglio in cui alcune avanguardie danesi furono raggiunte dal forte contingente cattolico comandato dal Furstenberg. Questi ruppe le linee danesi procurando loro più di 500 perdite e la cattura di numerosi ufficiali e costringendo anche alla resa la città di Gottingen che aprì le porte ai bavaresi l'undici agosto.

Incoraggiato da queste fortune, Tilly intraprese un nuovo assedio, stavolta contro la città di Northeim. Le intenzioni di Cristiano erano di raggiungere la sicura Wolfenbuttel ed assicurarsi l'unione con altre truppe che stavano convergendo nella stessa città. Tilly aveva fino ad allora sovrastimato la forza del danese in quasi 30.000 uomini; informato che la situazione era assai diversa, mosse risolutamente contro il nemico. Cristiano resosi conto del pericolo, iniziò celermente le operazioni di ripiego già programmate per il 24 agosto.

Il giorno successivo ed anche quello dopo, le sue retroguardie riuscirono sempre a contenere le avanguardie nemiche, ogni volta respingendole con perdite minime, grazie alla sua buona artiglieria. Il 27 agosto però, il suo esercito venne a

▲ L'assedio di una città durante la guerra dei trent'anni equivaleva ad una immane tragedia per i suoi abitanti. Tela di Peter Snayers

▲ *Soldati con cannone 1625 circa. Sanguigna di Jan van de Velde, Riikmuseum Amsterdam*

trovarsi su un terreno più pesante e dalle caratteristiche che non gli consentivano la velocità necessaria fin lì tenuta per sottrarsi all'esercito della Lega. Era in sostanza costretto ad accettare battaglia. Scelse allora una posizione assai favorevole nei dintorni di un villaggio chiamato Lutter posto sul fiume Barenberg.

Dispose i suoi trenta cannoni a tenere sotto mira l'unica strada, i moschettieri in ordine sparso nei boschi e la cavalleria pronta alla carica.

La battaglia ebbe inizio con l'usuale scambio di cannonate, a cui seguirono le prime schermaglie delle cavallerie. La pressione delle più numerose e veterane soldataglie del Tilly si fece subito sentire, ed esse finirono con lo scomporre e fratturare la solidità della fanteria danese che iniziò inesorabilmente un ripiegamento trasformato presto in rotta. Il Re e la sua cavalleria cercarono bravamente una resistenza accanita, ma fu tutto inutile, la giornata era persa.

Assai pesanti le perdite: almeno la metà del suo esercito, sedici bandiere e tutta l'artiglieria.

Appariva già un miracolo che il Re fosse ancora vivo e libero dopo che anche il suo cavallo era stato colpito. Testardamente inseguito fino ai dintorni di Brema, Re Cristiano dovette fuggire lontano, non più nella programmata Wolfenbuttel, ma addirittura a Stade sulla costa baltica, dove gettò i quartieri invernali, in uno stato di costernazione che possiamo bene immaginare.

Dalla campagna del 1626 si evince che sotto il profilo strettamente militare Tilly aveva nuovamente confermato la sua fama di grande soldato vincitore, ed inevitabilmente sfociarono subito i primi raffronti fra i due generali al servizio dell'impero che certo non si amavano.

Velate, ma neanche tanto, ironie, finirono con l'investire la figura di Wallenstein che ad onta di un esercito assai più numeroso di quello bavarese, non aveva conseguito alcuna grande vittoria se si esclude la brillante difesa della testa di ponte di Dessau. Ma la grande, attesa, vittoria cattolica mise infine la sordina a tutte queste chiacchiere. Nel tardo autunno, terminò anche la strana e

IEAN CONTE DE TILLY GNAL DES ARMEES D
SA M.re IMPERIALLE

▲ Lutter fu probabilmente la più importante vittoria di Tilly

LA BATTAGLIA DI LUTTER 27 AGOSTO 1626

Disposizioni iniziali alla battaglia di Lutter.

Truppe dell'esercito della lega cattolica: al comando del generale Tilly cosi disposte:

Fanteria:

1=Reg. Herliberg e Regg. Herbersdorf: 2500 e 1560 uomini.

2=Regg. Schmidt (Baviera): 2100.

3=Regg. Gallas: 2000.

4=Regg. Furstenberg: 2300.

5=Regg. Jung Tilly: 1450

6=Regg. Alt Tilly: 2700

7=Regg. Cerboni (Imperiali): 1000

8=Regg. Colloredo (Imperiali): 1400

Cavalleria:

9=Regg. Cronberg: 830.

10=Regg. Schonberg e regg. Lindelo: 1230.

11=Regg. Herbersdorf: 630 corazzieri.

12=Regg. Cortenbach: 510.

13=Regg. Erwitte: 860.

14=Regg. Bock: 530.

15=Regg. Assenberg: 590.

16=Regg. Westerhold: 400.

17=Colonna Desfurs (Imperiali): 1600 corazzieri dei Regg. Alt Saxon, Hussmann e Desfurs

18=Distaccamento Albert (truppe miste cavalleria e moschettieri):1000

Artiglieria:

13 pezzi pesanti e 5 leggeri.

Totale forze cattolico-imperiali: 14.900 fanti lega cattolica, 5.900 cavalieri, 4.300 imperiali e 18 cannoni per complessivi 25.190 uomini.

Truppe di Re Cristiano IV di Danimarca:

Fanteria:

A=Regg. Blue della Guardia: 3200

B=Regg.Kas e Fuchs coprs: 2300

C=Regg. Linistow e Solms: 2600

D=Regg. Kruse (Red): 2800

E=Regg. Frenking e Ungefugt: 1700.

F= Distaccamento svedese: 700

G=Volontari e Limbach: 1500

H=Altri reg. (forse Rantzau e Gotzen): 1200

sanguinaria ribellione dei contadini bavaresi e della bassa Austria. All'inizio i contadini ribelli passarono di vittoria in vittoria, ottenendo promesse di garanzie (solo da parte imperiale) che poi puntualmente furono ignorate.

Il duca di Baviera Massimiliano incaricò il suo generale Heinrich Von Pappenheim di ristabilire l'ordine. Questo esperto e valoroso soldato riuscì alla fine, non senza qualche difficoltà, ad avere ragione di questa dura resistenza *di bestie furiose, inferocite* massacrandoli senza pietà fino alla definitiva vittoria di Wolfsegg.

I loro capi saranno esemplarmente giustiziati pochi mesi dopo sulla piazza di Linz. L'unico vantaggio che questa rivolta portò alle popolazioni della Bassa Austria fu quella che il duca di Baviera rinunciò a mantenere il pegno di queste regioni, giudicate troppo avverse, e le restituì alla giurisdizione dell'imperatore asburgico.

Cavalleria:

I=Vari reggimenti (forse Leib,Nell Freitag): 1500
L=Vari Reggimenti (forse Uslar, Geist, Baudissin, Brunswick e Erbot): 1700
M=Regg. Hesse, Solms e Wersabe: 1000
N=Regg. Rhinegrave e Courville: 900

Artiglieria:

12 pezzi pesanti e 8 leggeri.

Totale: 16.000 fanti, 5.100 cavalieri e 20 cannoni per complessivi 21.100 uomini.

Il fronte dell'armata di Cristiano di Danimarca era esteso per circa 2 chilometri disposto da nord a sud e piazzato ad est delle truppe nemiche.
Al centro a dividere i due schieramenti il corso d'acqua del Neile poco profondo. Alle loro spalle la cittadina di Lutter ed il suo castello e la stra-

da per Brunswick. Tre cittadine lungo il fiume. All'estremo sud dello schieramento il villaggio di Dolmen, all'incrocio dei due fiumi la cittadina di Rohde. Infine all'estremo nord il villaggio di Muhle. Le truppe danesi presentavano uno schieramento su tre linee: la prima, la più avanzata al comando del generale Hans Philip Fuchs, quella centrale direttamente agli ordini di Re Cristiano e la retroguardia sotto i comandi di Otto Ludwig Rhinegrave. L'esercito imperiale era pure disposto da nord a sud in faccia ai danesi.
Disposti su una sola massiccia linea con due ali aggiranti agli estremi: il corpo di Desfurs a nord e il distaccamento del Colonnello Albert a sud. Il Tilly sistemò a destra un distaccamento misto di cavalleria e fanteria al comando di Cronberg. Al centro la massa dei cinque grossi Tercio al co-

▲ *La battaglia di Lutter Am Barenberg. Stampa coeva (collezione privata)*

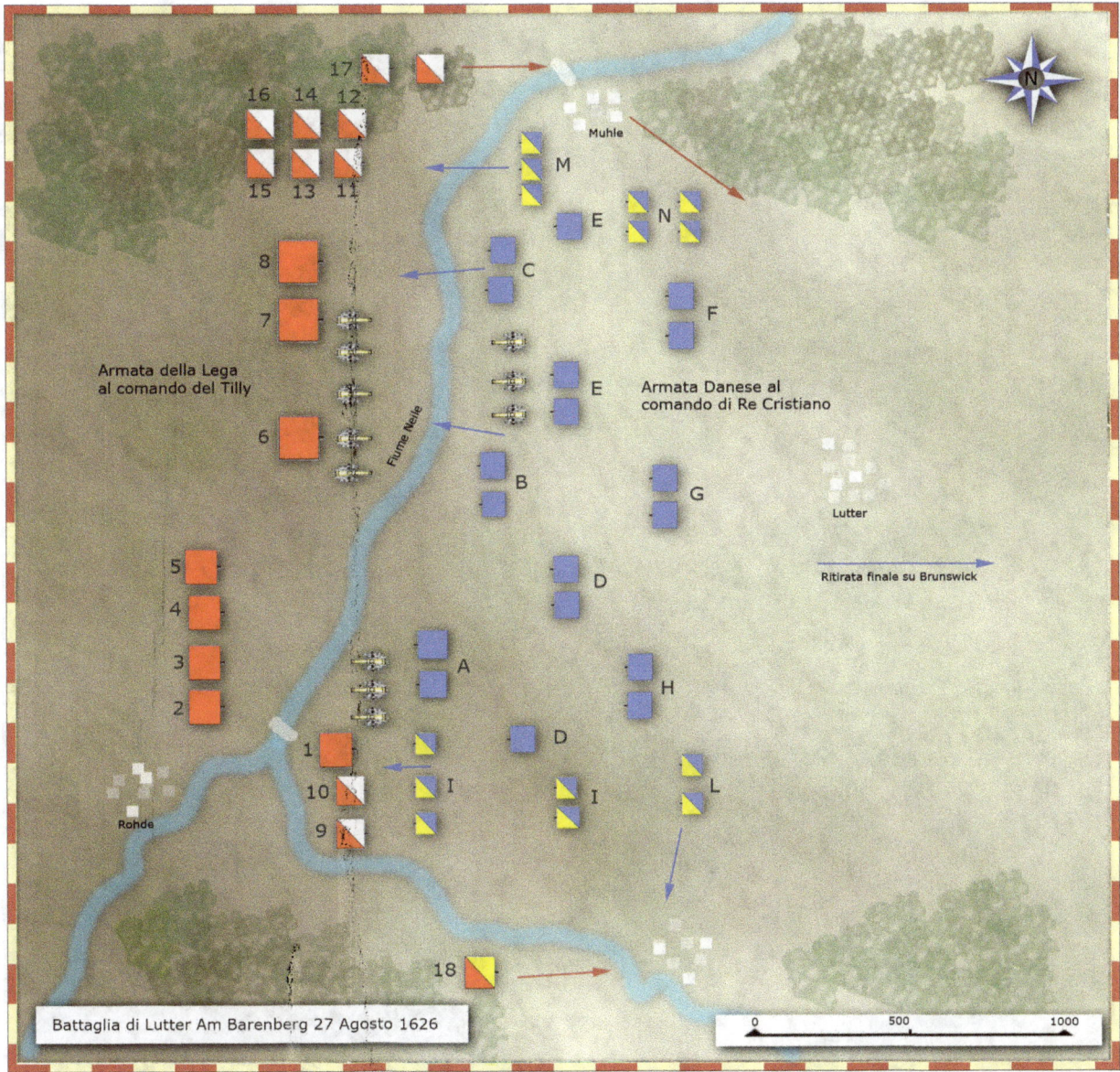

Armata della Lega
al comando del Tilly

Armata Danese al
comando di Re Cristiano

Fiume Neile

Muhle

Lutter

Rohde

Ritirata finale su Brunswick

Battaglia di Lutter Am Barenberg 27 Agosto 1626

0   500   1000

mando di Anholt con davanti una grande batteria di 12 cannoni. Infine alla sinistra la cavalleria agli ordini di Erwitte disposta su tre profonde righe. Sul sito della battaglia poco a sud-ovest di Lutter, due pietre commemorative poste vicine ad una sosta della strada B 248 ricordano quello scontro. Una di esse parla di un comandante danese, il colonnello Hans Philipp von Fuchs von Bimbach, un cavaliere franco-imperiale, ucciso nella zona mentre era in groppa al cavallo.
Fu sepolto, come desiderava, vicino al campo di battaglia. I suoi discendenti curarono la sua tomba fino alla fine del XVIII secolo. Successivamente la sua tomba fu aperta e al suo interno venne trovata accanto al suo scheletro una spada.
Secondo la leggenda, nella battaglia corse così tanto sangue che il terreno aquitrinoso di Lutter si era trasformato in un gigantesco stagno rosso. In realtà, il colore del suolo rossastro è dovuto al contenuto di ferro tipico del territorio e quindi di lontana origine geologica.

▲ *Ritratto di Van Cornelis van Aerssen, Colonnello di cavalleria olandese 1626. Dipinto di A.Hannemann (Rijksmuseum)*

Theatrum Europaeum
Il Giornale del tempo...

In questo numero: Lo scontro di Lutter am Barenberg nel resoconto di Padre Foresti e Antonio Carafa
Jacques Callot il grande incisore francese

LO SCONTRO DI LUTTER AM BARENBERG

Dal nostro inviato del tempo Padre Antonio Foresti da *"Il Mappamondo Istorico"*, Venezia 1711

*I*l generale cesareo vedendosi la fortuna così favorevole dopo la presa di Gottingen, meditò quella di Norteim, e subito a quella volta si mosse con animo di espugnarla, primachè fosse soccorsa.

Ma il re Cristiano dubitando di perderla, si mosse così per tempo, che vi giunse con tutta la cavalleria, innanzichè si fossero perfezionati gli alloggiamenti imperiali. Non molto lontano seguivalo la sua fanteria, il che non poco contristò l'animo del genrale cesareo, si perché supponeva esser l'inimico distante più di trenta miglia da lui, si perché si vedeva chiuso tra l'esercito danese alla fronte, e la città assediata da fianco, in sito incomodo e molto basso.

Determinò pertanto di sciogliere l'assedio e di ritirarsi, alfine di raccogliere i non lontani soccorsi che gli venivano. La ritirata non potea non essergli di pericolo, ma se ne sottrasse con artifizio; imperciocchè comandò che nel campo stessero fermi al loro posto i tamburi e i trombetti, e di continuo suonassero, acciochè nulla si sospettasse della sua mossa.

Questo strepito e l'oscurità della notte assicurarono la sua ritirata, e tostochè si vide in sicuro, anch'eglino desistettero dal suono, e opportunamente si salvarono sotto le loro insegne. Il seguente mattino entrò il danese nel campo abbandonato, e quivi riposatosi alquanto, mando a spiare in qual luogo accampassero le genti, che venivano in soccorso dell'inimico; ma avendo inteso che già si erano seco unite, depose il pensiero che avea di attaccarle, e anch'egli si ritirò di quel posto, per non essere astretto a venir quivi a battaglia.

Nella marcia ebbe sempremai l'inimico alla coda che

▲ *Ritratto di Cristiano IV di Danimarca. Riikmuseum*

il molestava. Quasi per tre giorni continui altro non si fe che combattere, finchè giunti i due campi presso a Lutera, si venne tra loro ad un general fatto d'armi, e la giornata che fu li 28 agosto, ne riuscì memorabile.

E la fortezza di Lutera sottoposta al ducato di Brunsvic, un assai aperta campagna se le stende al dinanzi, separata da un fiumicello che la bagna per mezzo, non però molto profondo, né di difficile guado.

Quivi si avvide il danese che non era più in suo potere il sottrarsi alla pugna, e però niente smarritosi di coraggio spiegò per lungo il suo campo, occupando le rive di quel fiumicello, con che si persuase che il Tilli non avrebbe osato di passarlo in faccia al suo esercito, o che a lui sarebbe stato assai facile il ributtarlo. Ma questo prudente del pari e risoluto capitano considerratoi ben bene il sito del luogo e dell'inimico, animate le sue genti da ordine al Conte di Gronsfeldt che con quattro reggimenti passi di là dal fiume, e dia principio al combattimento. Ubbidisce il Conte, e si porta all'attacco con gran bravura; ma i danesi vi accorrono in tanto numero, e così ben avvantaggiati dal sito, che due volte lo risospingono addietro, e lo mettono in disordine, impedendogli quasi il trasporto dei suoi cannoni. Nuove genti del Tilli sopravvivano a sostener gli abbattuti, e rinforzandosi per ogni parte la zuffa, finalmente la cavalleria Danese comincia a piegare, e quindi a darsi alla fuga, lasciando tutto in abbandono la fanteria alla direzione dell'inimico, che parte la mandò a fil di spada, e parte la fe prigione, pochissima salvandosene con la reale persona dentro la fortezza di Wolfembutel. Grande fu'l numero degli estinti fra quali contaronsi Filippo Langravio d'Assia, figliuol di Maurizio, Gianfilippo Fucsio ch'era dopo il re, supremo generale dell'armi, e'l Parisio primo consigliere di sua Maestà, e general commissario di guerra. Ottantasette stendardi rimasero in possanza del vincitore, ventidue pezzi d'artiglieria, e tutto il treno Danese.

Dal nostro inviato del tempo Nunzio Carlo Carafa (copia dalla relazione di Carafa, pp 25-27)

Aveva il conte di Anolt recuperato Wiedenbrugh, Osnabrugh et altri castelli di quel paese, scacciandone fuori i dani, et il Tilly, doppo avere severamente puniti gli ostinati nella città Munden, entrò in Gottinghen, che volontariamente se gli diede, e poi condusse l'esercito all'assedio di Northeim, per impadronirscene o per trattato, o per accordo, o per forza. Ma il dano, con tutto il suo esercito si prese cura di difenderlo et, ottenuto l'intento, era risoluto di scaricare nell'arcivescovato magontino, volendo far l'esperienza della sua fortuna. Non di meno, intendendo essere il Tilly vicino, tentò di ritornare indietro, ma non potè

▲ L'esercito danese in campagna.

farlo, essendosi insieme col Tilly congiunto anco l'esercito del Walestain, quali già conosciutisi in numero e forza uguali al nemico, in cotal guisa occuparono i passi che a pena senza evidente pericolo, poteva il dano andar avanti, né senza qualche conflitto tornar indietro. Ritornò non di meno, fuggendo verso la fortezza di Wolfenbuttel e coprendo la fuga tra le valli, selve e colli, dove con prestezza s'inviava l'esercito del Tilly, sempre con varie scaramucce trattenendo l'esercito dano, quale due o tre fiate invitarono a battaglia, alla quale finalmente inclinossi il re, sperando per se la vittoria. Comandò a suoi che facessero alto appresso il picciol colle di Barenbergh al castelletto, chiamato Lutter, dove ordinò l'esercito, per opporto al Tilly. Quale vedendo il posto del nemico superiore al suo partisse e precipitosamente andò scorrendo di luogo in luogo, sinché con queste arti acquistò posto eguale al nemico, e qui voltando faccia al nemico impetuosamente l'assalto, e restando per un poco la vittoria in dubbio, valorosissimamente combatte, e finalmente con gran mortalità anche de' suoi prese a forza l'artiglieria e tutte le altre monitioni e bagaglie, et ammazzati Fux et altri capitani, ruppe et atterrò l'esercito dano, restando vincitore. Dopo la battaglia alla fama della vittoria si resero al Tilly Northeim e quasi tutte l'altre città e castelli della giurisdittione bransvicense, eccettuati però Wolfenbuttel et Nienburgh.

Quando il duca di Bransvich intese l'avversa fortuna, e che dai regii e cesarei era spogliato di tutto il suo, cominciò da dovero a pensare a casi suoi et in pubblica scrittura sottomise se stesso e gli sudditi suoi a Cesare e con molti altri ordini li promise di fare il suo dovere. Haverebbero allora voluto gli Ordini di Sassonia liberarsi dal giogo di Danimarca, ma troppo tardi fu questo lor desiderio, perché già si erano lasciati infrenare e maneggiare, sì che né poterono scacciare il re, né impedire, né ammettere l'esercito cesareo, sì che certi

dell'errore loro perderono lo stato passato e presente. E volendo il re di Danimarca dopo tanta rotta tenerli in freno, mostrandosi forte e costante, né dando un minimo indicio di perdersi d'animo con tutte le sue forze soccorreva li bisognosi, e tra tanto che otteneva esercito in suo aiuto, con il quale potesse riparare le sue rovine, cominciò per tempo a consigliarsi, e deputò, per adunar nuove militie, il falso amministratore di Magdeburgh, e sostituì in luogo del colonnello Fux, già suo generale, Gherardo Rantzovio, il vecchio, ma non poté restaurare però in tutto la perdita di colonnelli et altri officiali dell'esercito. Nel cuore dell'inverno tentò la presa di Hoia, non senza pericolo della vita, e sforzossi di impedire l'esercito cesareo, insolente per le vittorie, acciò non passasse l'Albis, il che non fu cosa difficile da ottenere nel mezzo del verno.

▲ Il campo di battaglia di Lutter e i cippi posti a memoria. Foto di Axel Hindemith.

JACQUES CALLOT 1592-1635

Grande disegnatore ed incisore lorenese, nasce a Nancy nel 1592. Maestro nell'arte del bulino e dell'acquaforte. Nel 1612 viene in Italia ed inizia a lavorare a Roma e poi si trasferisce nel 1612 a Firenze alla corte dei Medici, dove grazie a Giulio Parigi scoprì che la vernice usata dagli orafi era molto più adatta alla tiratura di stampe di quella usata fino ad allora. Questo nuovo uso delle vernici, che consentiva splendidi effetti pittorici e maggiore finezza di dettaglio, si diffuse immediatamente determinando la fortuna dell'artista. Oltre alla produzione celebrativa dei personaggi importanti, Callot si dedicò a soggetti originali, come la Tentazione di sant'Antonio, i Capricci e i quasi surrealisti balli di *Sfessania* nei quali per primo rappresentò tutte le classi della società.

Tornato a Nancy, nel 1621 gli fu commissionata dal cardinale Richelieu una serie di fogli per celebrare la presa di La Rochelle. Le opere a soggetto libero sono improntate ad un realismo talvolta bizzarro, come le serie dei Gobbi, degli Zingari e dei Mendicanti.

Il suo capolavoro indiscusso rimane la serie dedicata alla Guerra dei 30 anni: *Les misères et les malheurs de la guerre (vedi sotto)* ▼ (Le grandi miserie della guerra) del 1633. Il 28 marzo 1635 l'artista muore nella sua Nancy.

▲ *Jan T'Serclaes von Tilly. Tavola di F.Gerash*

▲ *Tromba di cavalleria imperiale. Tavola di F.Gerash*

CAPITOLO 5

LA FASE DANESE OLANDESE (1625-1629)
Gli ultimi scontri e la pace di lubecca

L'INCONTRO DI BRUCK AM LEITH

Abbiamo già citato delle critiche che hanno investito il Wallenstein alla fine della vittoriosa campagna danese che ha visto la cocente sconfitta di Re Cristiano per merito di Tilly. Ora il generale dell'imperatore non doveva necessariamente giustificare il suo apparente operato così povero di glorie militari, ma almeno provare a portare qualche argomento di maggiore chiarezza. Gli fu fornita l'occasione di tale schiarita nell'incontro avuto il 25 novembre 1626 nel castello di Bruck am Leith, una cittadina poco distante da Vienna.

I partecipanti all'incontro furono: Wallenstein, il primo ministro imperiale principe Hans Ulrich Von Eggenberg e il feudatario del posto tale Harrach. I verbali di questo incontro non si sono mai trovati, o non furono mai redatti, ciò che sappiamo è dovuto ai pochi testimoni occasionali che ebbero modo di sentire stralci di quello che i convenuti si dicevano. Davanti ai camini a riscaldare i gottosi piedi solo i tre uomini citati. Wallenstein ebbe qui modo di spiegare il senso della sua strategia, che si basava sul concetto di fornire all'imperatore un mezzo particolare: l'esercito tanto possente e temuto, da costituire da solo un buon argomento di dissuasione, quando non di convincimento, per amici e nemici. Erano finiti, illustrava, i tempi in cui i successi militari e diplomatici dovevano dipendere solo ed esclusivamente da alleati infidi o anche solo esigenti. Nei diversi giorni che durarono questi colloqui, vennero anche affrontate questioni riguardanti gli arruolamenti

▲ *Hans Ulrich Von Eggenberg 1568-1634*

e le spese necessarie. A questo punto vi fu una precisa richiesta di contribuzione da parte del Wallenstein che informava gli altri di non poter più continuare a mantenere da solo gli ingenti costi. In sostanza dopo le "giustifiche" reclamava il compenso. Eggenberg si disse soddisfatto delle tesi ascoltate e le riferì puntualmente all'Imperatore. Ferdinando II accettò pure senza riserve i tratti di questa strategia, acconsentì una volta per tutte all'uso instaurato dal suo generale di arruolare indifferentemente soldati di entrambe le religioni, cosa che invece indignava e feriva fortemente gli animi della Lega cattolica.

▲ *Wallenstein nella sua tenda da campo. Quadro di Rudolf Ottenfeld*

Così facendo però, l'imperatore si avviava sicuro verso una forte e poderosa politica imperiale.

Per qualche mese nessuno più osò lagnarsi di fronte a Ferdinando del suo "stimato" generalissimo. Dopo Bruck il potere di Wallenstein accrebbe in maniera smisurata. Ora nominava e disfaceva colonnelli e quanto altro a suo piacimento senza dover inoltrare lettere d'autorizzazione.

Quest'uomo assolutamente esente da ogni fermento religioso, forte nel suo personale intento di incrementare il potere imperiale unitamente al proprio si mostrava superbo e possente davanti ai tanti principi germanici gelosi di questo personaggio venuto dal nulla.

La lega cattolica in un'assemblea tenuta a Wurzburg il 26 di febbraio del 1627 deliberò di contrastare questo disegno. Innanzitutto accrescendo la propria armata, e poi, stilando una lettera di preoccupata critica nei confronti del Wallenstein. Si giunse persino a minacciare un'immediata pace con il Re danese ed uno spostamento dell'armata proprio per far fronte all'esercito dell'ambizioso boemo!

Questa ambasciata costituì un fastidioso impiccio per Ferdinando II, il quale pur conscio di diverse delle ragioni reclamate, non poteva, né voleva urtare quello che alla fine gli garantiva il potere. Tenne quindi a bada gli interlocutori bavaresi con diplomazia e vaghe promesse. Nel frattempo il suo esercito imperiale conseguiva vittorie su vittorie. Liberando tutta la Slesia, risaliva le province dell'impero per sistemare una volta per tutte le ultime resistenze al nord. Liquidò i rimasugli degli eserciti già del Mansfeld e di Giovanni Ernesto di Sassonia anche con l'aiuto dei polacchi, ai quali fece giungere sovvenzioni. Ferdinando, su suggerimento di Eggenberg decise di premiare il suo generale conferendogli il ducato di Sagan, che andava ad aggiungersi a quello di Duca di Friedland. Pacificata la Slesia e stanziatovi 15.000 uomini a guarnigione, Wallenstein si portò con il grosso dell'armata nella Bassa Sassonia attraversando anche lo sventurato Brandeburgo.

Egli era ora investito di poteri paragonabili a quelli di Massimiliano di Baviera per la passata guerra di Boemia. Finalmente raggiunse un sorpreso Tilly a Lauenburg il primo di Settembre 1627. Come se niente fosse accaduto, deliberarono insieme, per la seconda volta, la strategia ultimativa nei confronti del ribelle Re danese.

LA FRONDA CONTRO WALLENSTEIN

Dopo la grande vittoria di Lutter, Tilly aveva portato a termine il controllo del circolo della Bassa Sassonia occupando il Brunswick. Cristiano per contro, era impegnato a ricostruire una parvenza di esercito, ridisegnando linee di difesa, organizzando guarnigioni, assoldando con stipendi adeguatamente incoraggianti nuove reclute. Con grave dispendio economico riuscì in breve a rimettere in piedi una nuova armata.

La nuova linea difensiva era ora definita dal corso del fiume Elba. Finalmente anche gli alleati si mossero: reclute dall'Inghilterra, denaro dall'Olanda, soldi e uomini dalla Francia. Il Concilio di Stato danese reso più accomodante dagli ultimi rovesci. Il piano difensivo per il 1627 si basava sulla tenuta della linea dell'Elba, e sui capisaldi di Stade e Magdeburgo.

Sulla carta aveva ora un'armata di 30.000 uomini, più 15.000 nella zona di Magdeburgo. Inoltre in suo aiuto accorse una nostra vecchia conoscenza,

▲ *Il bellissimo palazzo di Wallenstein a Praga. Segno distintivo della grande potenza raggiunta dal generalissimo.*

▲ *Esercito danese: a destra: Ufficiale di fanteria 1629. Nel centro Cavalleria e fanteria primo quarto del XVII secolo.*
A sinistra un cavaliere (Reiter) mercenario tedesco.

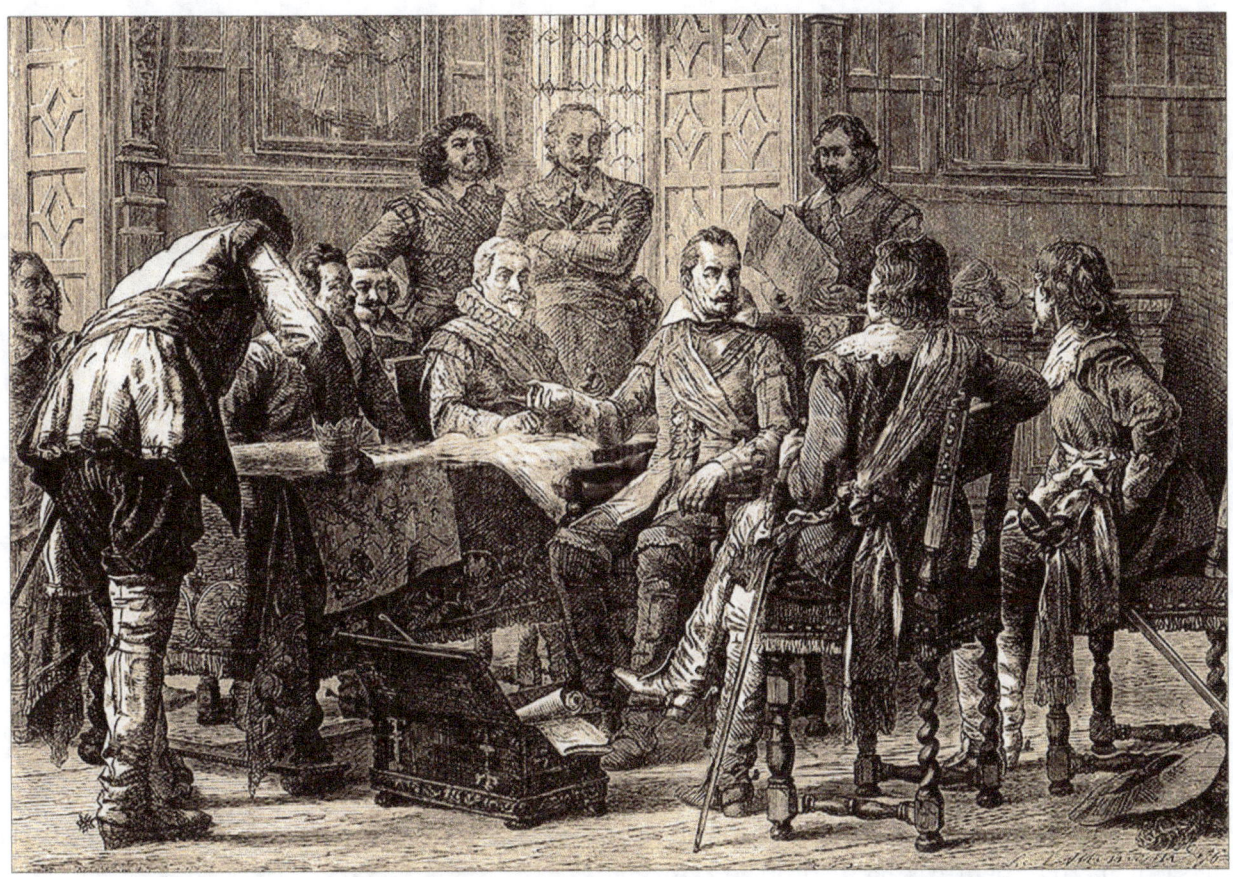

▲ *Wallenstein e Tilly tengono un consiglio di guerra durante la fase danese (1626)*

lo sconfitto di Wimpfen, il margravio del Baden con i suoi 10.000 uomini. Per finire, a sud dell'Elba il Re danese conservava le tre importanti piazzeforti di Wolfenbuttel, Nienburg e Nordheim. Per mala sorte di Cristiano nello stesso periodo sorsero i primi dissidi tra Francia ed Inghilterra, a causa della guerra con gli Ugonotti e *l'affaire* La Rochelle. Addirittura si arrivò ad un'infausta alleanza franco-ispanica. In questo nuovo stato di cose molti aiuti vennero immediatamente a mancare. Il disgraziato primo azionista della guerra, quel Federico conte Palatino, Re boemo in esilio non aveva un tallero da fornire, già mantenuto a malincuore dagli olandesi, con i creditori perennemente stanziati fuori dalle porte del suo palazzo. Solo i duchi Adolfo Federico e Giovanni Alberto di Meclemburgo continuavano a mostrarsi sinceri alleati di Cristiano.

Intanto Tilly spese la prima parte del 1627 per riconquistare le tre fortezze citate a sud del grande fiume. La sola Nienburg riuscì a resistere prolungando un'efficace difesa. Il Wallenstein in avvicinamento riuscì ad assestare una grossa batosta ai reduci danesi della campagna di Slesia. In agosto a Kosel ben 15.000 uomini, con bandiere e cannoni fecero parte del bottino dichiarato dal generalissimo. Solo il comandante danese Mitzlaff con un pugno di uomini riuscì a raggiungere Cristiano ed informarlo di questa nuova debacle.

In tutta la Germania i raccolti erano andati perduti, ovunque i contadini si rifiutavano si seminare ciò che poi non avrebbero potuto raccogliere. Ovunque imperversava la carestia. La peste si era presentata in Alsazia, nel Brandeburgo, in Slesia, Olanda e Nord Italia.

Nel solo Württemberg si erano registrate 30.000

vittime. Le epidemie non potevano venire isolate a causa del continuo passaggio di truppe sempre accompagnate da tifo, vaiolo, scorbuto e sifilide. Come detto il Brandeburgo fu soggetto a particolari vessazioni, perché sul suo territorio stazionava il numeroso esercito imperiale.

L'elettore inviava suppliche pressanti all'imperatore perché intercedesse in qualche modo.

Ferdinando che non era in condizioni di proteggere i suoi territori quali la Slesia, la Boemia e altri, poco o nulla avrebbe potuto fare per territori altrui. Il povero elettore Giorgio Guglielmo prese allora il coraggio a quattro mani e scrisse direttamente al Wallenstein alcune lettere che, però rimasero senza risposta. Si seppe solo più tardi che il generalissimo era rimasto profondamente offeso dall'intestazione delle lettere ricevute che iniziavano con: *"Beneamato amico"* anziché con *"Beneamato Signore ed amico"*.

Il nuovo "principe" intendeva verbalizzare l'importanza della forma che ormai gli spettava.

Mentre i suoi eserciti seguitavano nella loro impresa di mettere ogni casella al proprio posto, il potente Ferdinando II dava inizio all'opera di consolidamento politico in tutti i suoi territori pacificati a cominciare dalla sfortunata Boemia.

Nell'estate del 1627 emana un editto che impone a tutti i restanti protestanti di scegliere fra la conversione o l'esilio. Questa finale epurazione allontanò quasi 30.000 sudditi.

Ferdinando mostrò di avere doti di valido demagogo, quando ebbe l'idea di organizzare delle feste e celebrazioni nella bella capitale boema a pretesto delle nuove incoronazioni.

L'Imperatore non poteva farsi incoronare due volte, mandò quindi in sua vece la bella nuova moglie mantovana: l'Imperatrice Eleonora Gonzaga. Qualche giorno dopo, sempre a Praga, fu incoronato anche il figlio Ferdinando, recentemente incoronato Re d'Ungheria. La città si ubriacò di feste e di vino sapientemente elargito a piene mani per la gioia della popolazione. L'Imperatore

▲ *Albrecht Wallenstein. Sanguigna coeva*

si valse di vecchi trucchi per accontentare la massa e soffocare le ultime aspirazioni degli animi più rivoluzionari. Della vecchia Praga non rimaneva che una fallimentare corte in esilio e quasi duecentomila esuli. Tutta la Germania era ormai piegata. I ribelli allontanati dalle loro patrie.

Gustavo Adolfo impantanato in una rognosa guerra con i polacchi sovvenzionati da Wallenstein, e contro voglia dal denaro dell'elettore del Brandeburgo. Giunse quindi l'ora che il generale, che con la sua accorta strategia aveva permesso tutto ciò, fosse ricompensato: Wallenstein ottenne le patenti imperiali che gli garantivano i ducati del Meclemburgo, tolti agli spodestati duchi alleati di Re Cristiano. Ciò avvenne con atto solenne il 26 gennaio 1628. Nel 1629 la posizione divenne anche ereditaria. Le diete, i principi, gli uomini di stato e dignitari imperiali rimasero sconcertati. Per certi versi ancora di più del precedente episodio che aveva visto privare il conte palatino dei suoi diritti a favore del duca Massimiliano di Baviera. Questo uomo venuto dal nulla, appartenente ad una famiglia di insignificante nobiltà boema, dal carattere brusco ed ombroso non suscitava simpatia. La sua potenza era cresciuta a dismisura in breve tempo. Signore di 3 ducati: Friedland, Sagan ed ora il grande Meclemburgo con sbocco sul Baltico. Feudatario

di territori della natia Boemia: Gitschin. Ora egli governava su un territorio vasto come la Sassonia o il Brandeburgo. I più riottosi al nuovo status furono ovviamente i duchi spodestati che supplicarono l'intervento svedese. Anche l'elettore Giovanni Giorgio di Sassonia elevò vibrate e sonore proteste. Il più scontento di tutti fu proprio il duca di Baviera, che per primo aveva goduto di vantaggi territoriali con questi "sistemi". Massimiliano si mise a capo della fronda anti Wallenstein che operava con costanza alla luce e nell'ombra per ottenere l'allontanamento del generalissimo. Cresceva insomma la paura che

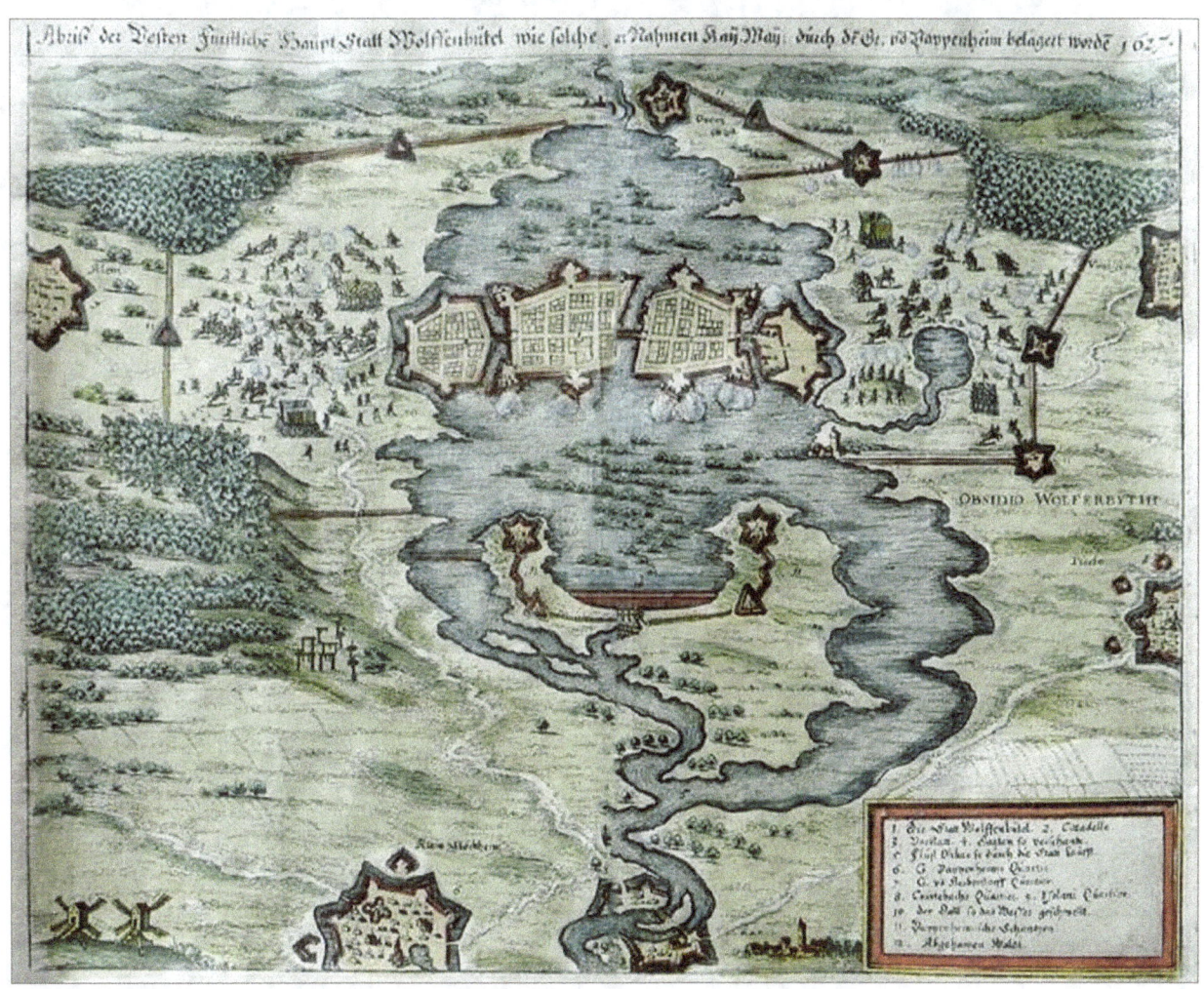

▲ *Assedio di Wolfenbuttel del 1627. M.Merian da Theatrum Europaeum (Collezione dell'autore)*

▲ *Dragone a cavallo imperiale. Tavola di F.Gerash*

il generale, già tanto potente, potesse ancora accrescere la sua influenza. Il timore che nella sua mente balenasse l'idea di una monarchia assoluta, e che alla stessa volesse direttamente ambire, magari facendosi proclamare re dal suo fedele esercito, una sorta di dittatore alla Oliver Cromwell in anticipo sui tempi.

Intanto però rimaneva da sistemare definitivamente la questione danese, dove tutto procedeva con una relativa lentezza. Tilly e Wallenstein erano ciascuno a modo suo, due generali prudenti.

Il primo tendeva a fare piazza pulita alle sue spalle, per poter procedere alla conquista di una fortezza alla volta, inesorabilmente.

Wallenstein, per quella sua pigrizia spesso rimproverata, operava al raggiungimento di una notevole superiorità di forze nei confronti dell'avversario che gli avrebbe permesso con le buone o con le cattive di sottometterlo.

LA GUERRA NELLO JUTLAND

La nuova situazione favoriva il rispolvero del "vecchio piano spagnolo" discusso a Duderstadt. Il grande progetto imperiale che vedeva una Germania unificata ed ubbidiente. Grazie ad un controllo fisico del Baltico anche operando con la costruzione di una flotta che si potesse inserire pesantemente nello scacchiere nordico. Wallenstein entrò quindi in trattativa con le città anseatiche, eredi di antica potenza navale allo scopo di contrastare i commerci di Olanda, Inghilterra, Danimarca e Svezia. Nei suoi sogni il generalissimo cullava una rapida sistemazione del Nord, per potersi poi concentrare efficacemente contro l'antico ed implacabile nemico della cristianità: il turco. Il Papa, tramite il nunzio Caraffa presso la sede imperiale, fece sapere d'essere entusiasta di questi disegni.

Elaborò in tal senso due piani d'alleanza. Il primo che potremmo definire "surrealista" con la Svezia conscio delle rivalità ataviche che separavano i due re scandinavi e tramite i buoni uffici del suo colonnello Arnim, amico personale del cancelliere svedese Oxenstierna, i quali intercorsero una fitta corrispondenza epistolare con base di dialogo: la guerra polacca, la situazione della Norvegia (allora provincia della Danimarca ma confinante con la Svezia). In seguito Gustavo Adolfo riferì di questo piano a Cristiano di Danimarca con il chiaro intento di screditare il generalissimo. Questo piano "fantastico" non oltrepassò mai i confini delle lettere fra i due amici Arnim ed Oxenstierna e qualcuno vi vide semplicemente una manovra di tipo politico utilitaristico.

Più solido almeno nei progetti il secondo piano spagnolo: la monarchia iberica era infatti ad un punto di stallo nella sua guerra alle ribelli Province unite olandesi. Essi avevano quasi abbandonato ogni significativa speranza di vittoria. Pensarono quindi di piegare gli ostinati olandesi o di costringerli ad una ragionevole pace attaccando i loro traffici marittimi ed i loro porti.

Offrirono quindi la considerevole cifra di 600.000 fiorini a Wallenstein perché realizzasse una flotta imperiale nel Baltico che concorresse alla progettata guerra marittima contro le Province unite.

Wallenstein nell'occasione si fregiò anche della definizione di *Admiralissimo* e progettò una base navale sul "suo" territorio di Wismar. Il progetto mostrato anche all'Imperatore fu ampiamente discusso, e si decise che il suo raggiungimento era possibile solo a patto che anche i membri della Lega Anseatica vi avessero aderito.

Nel frattempo, abbiamo lasciato Re Cristiano sulla linea dell'Elba con circa 50.000 uomini a fronteggiarne quasi il doppio. Iniziava la penetrazione nell'Holstein e subito la resistenza danese andò in crisi. La milizia disarmò e molte fortezze si arresero senza sparare un solo colpo. Cristiano risaliva la sua penisola perdendo per via sempre più uomini fino a ridursi con meno di 10.000 armati. La fortezza di Rendsburg porta della Danimarca venne evacuata. Solo alcune piazzeforti quali: Stade, Glucksatdt e Krempe re-

HANS GEORG VON ARNIM 1581-1641

Generale nato nel Brandeburgo, inizia la carriera militare con gli svedesi sotto Gustavo Adolfo (1613-17), coi Polacchi (1621), con l'esercito imperiale di Wallenstein (1626) divenne maresciallo di campo, impegnandosi nell'assedio di Stralsund. Al servizio dell'elettore di Sassonia (1631-35, 1638-41). Un luterano severo, Arnim si dimise dalla commissione imperiale di cui era membro per protesta contro l'Editto di Restituzione (1629). Da allora in poi lui lavorò per la creazione di una "terza fazione" diretta dall'Elettore di Sassonia per mantenere l'equilibrio tra l'Imperatore e la Svezia, Francia, e la Spagna, e per un piano di pacificazione generale. Lasciò l'esercito sassone nel 1635 in segno di protesta per la Pace di Praga. Arrestato dagli svedesi (1637), riuscì a fuggire e fu riabilitato nell'Esercito sassone (1638), morì nel 1641, mentre si preparava a cacciare francesi e svedesi da suolo tedesco.

Ioh. Georg von Arnhaimb Churfl Sach. General

sistevano ancora. Il suo unico amico: il margravio del Baden subì una rovinosa sconfitta da parte di un esercito imperiale assai più grosso comandato dal transfuga boemo Von Schlick che alla Montagna Bianca aveva combattuto contro l'Imperatore. La battaglia ebbe luogo a Heiligenhofen il 25 Settembre 1627. Il Baden perse 1.500 uomini, tutta l'artiglieria e le bandiere; il resto dell'armata si arrese il giorno dopo.

Deferito alla corte marziale Baden terminò la sua carriera in disgrazia. Alla fine di Novembre l'armata imperiale occupava tutto lo Jutland e l'esercito danese, o quanto di esso era rimasto, si rifugiò sulle isole. Il Tilly era rimasto ferito ad una gamba nell'assedio di Pinneberg all'inizio della campagna. Lo stesso Wallenstein gli offrì la propria lettiga elaborata per i suoi problemi dovuti alla gotta. Questo fatto di per sé insignificante fu invece colto in tutta la sua gravità dal duca Massimiliano, datore di lavoro del Tilly, che si rese conto che l'odiato generale boemo rimaneva padrone assoluto nel raccogliere i frutti della ormai prossima vittoria. La Danimarca gli presentava campi fertili pieni di messi, grasse mucche ovunque e ricche fattorie. Un grande contrasto con la desolazione offerta dai villaggi tedeschi. In tale ambito bucolico nell'animo del Wallenstein cominciavano a prevalere sentimenti di pace.

L'imperatore invece, ora pretendeva un prezzo terribile per la pace. A Cristiano venne imposto di cedere tutto lo Jutland, di pagare riparazioni di guerra esorbitanti e di rinunciare per sempre ai suoi territori nell'ambito dell'Impero.

Cristiano non intendeva accettarle ed i suoi alleati di certo non potevano permettersi di consentirglielo. Cristiano che nel frattempo era quasi prigioniero nelle sue isole con pochissimi soldati e con tre generali sconfitti da rimbrotta-

▲ *Wallenstein sul campo di battaglia circondato dai suoi fedelissimi soldati. Quadro di Ernest Crofts*

re: il già citato margravio del Baden-Durlach, il conte Thurn, altra vecchia conoscenza dai tempi della defenestrazione, ed il giovane promettente Bernardo di Sassonia Weimar destinato, come vedremo a futuri grandi successi militari.

Wallenstein lasciò il compito di portare a termine la pacificazione del Nord ai suoi colonnelli e si prese qualche mese di licenza. Il 7 dicembre a Gitshin in visita all'amata moglie Isabella ha la felicità di diventare padre di un bel maschio: Albrecht Carl. A Dicembre incontra l'imperatore reduce dai festeggiamenti praghesi. Questo periodo fu usato per elaborare i citati piani imperiali di sottomissione del Baltico.

Come visto, abbandonato il folle progetto svedese, rimaneva in piedi il solo piano spagnolo, quello che prevedeva l'allestimento di una flotta di 24 navi da guerra, sennonché si capì subito l'enorme difficoltà per tale progetto e tutto finì col cadere nel vuoto. Wallenstein, grande generale abilissimo nell'arruolare ingenti eserciti non capiva nulla di mare. La Lega Anseatica era fermamente contraria. I suoi membri riuniti a Lubecca il 28 febbraio discussero della cosa, ma apparve subito chiaro che le loro simpatie andavano soprattutto ai nemici degli Asburgo e chiedevano in sostanza di esserne lasciati fuori.

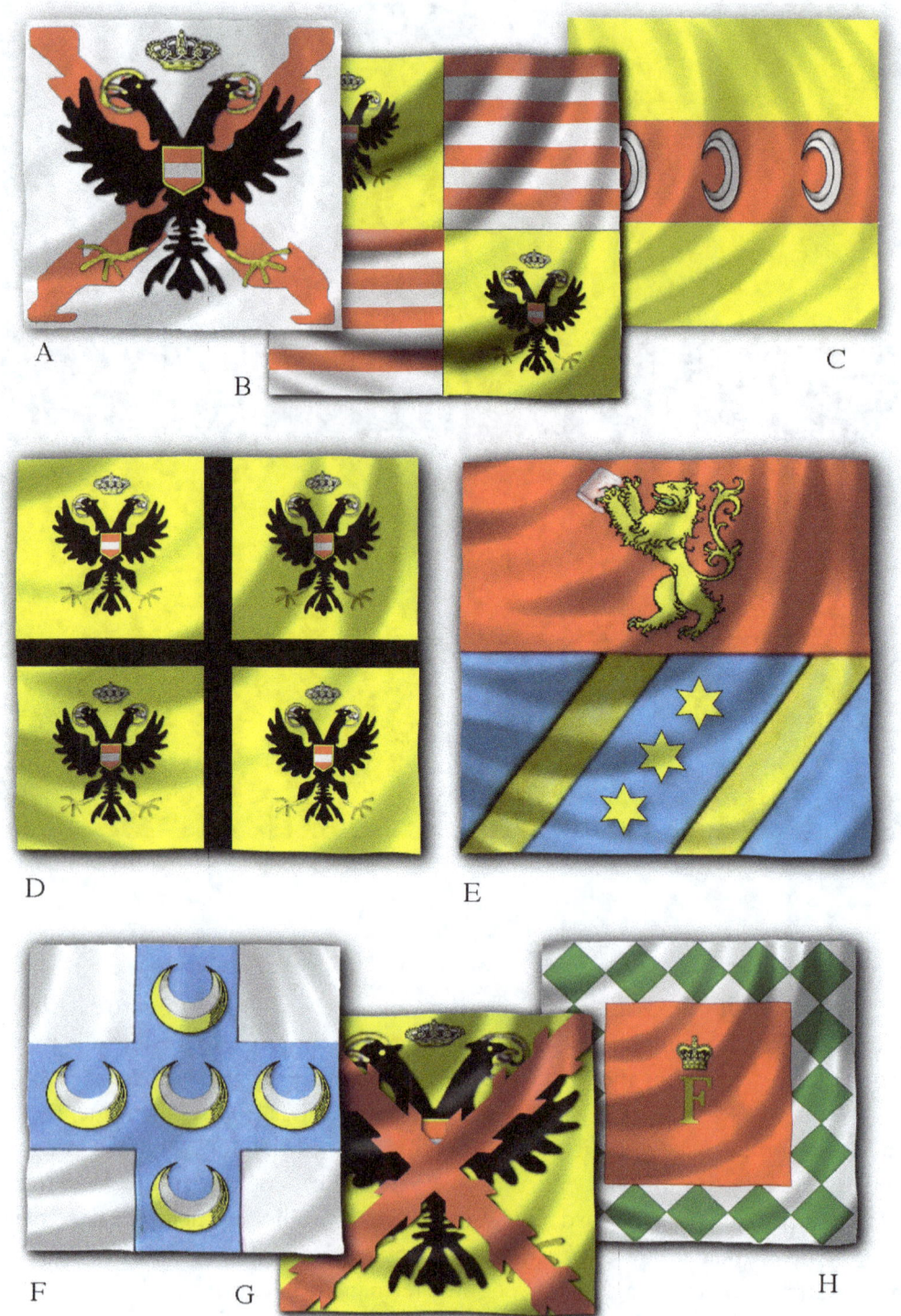

▲ *Bandiere imperiali (Wallenstein): Lo Stendardo A è la classica insegna imperiale con aquila bicipite e croce di Borgogna. B bandiera dell'Austria e Ungheria. Bandiera C appartenente al reggimento archibugieri del conte Giacomo Strozzi. Bandiera D stendardo del reggimento di Raimondo Montecuccoli Bandiera E stendardo del reggimento di Matteo Gallas duca di Lucera, luogotenente di Wallenstein. Bandiera F del reggimento di Ottavio Piccolomini duca di Amalfi. Bandiera G stendardo imperiale. Bandiera H con la F di Ferdinando imperatore del reggimento Savelli. Tavola dell'autore.*

L'ASSEDIO DI STRALSUND

Wallenstein si mise quindi a pressare il Duca di Pomerania affinché concedesse l'ingresso di guarnigioni imperiali nelle principali città costiere.

Un'analoga richiesta fu rivolta alla città di Stralsund. Anch'essa città ducale, ma con privilegi ed autonomie particolari. Orgogliosamente la città anseatica non accettò ricatti. Sdegnato il Wallenstein inviò quindi un esercito con lo scopo di ammorbidire le resistenze.

La stessa Lega Anseatica provò ad offrire 60.000 talleri purché la città non subisse ritorsioni.

Il generalissimo non si fece corrompere ed il 6 luglio del 1628 apparve di persona davanti alle mura della città ribelle, oramai considerata l'ultimo baluardo del protestantesimo. Essa fu premurosamente ed energicamente soccorsa dai danesi, ma soprattutto dalla Svezia. Gustavo Adolfo, infatti firmò in aprile un'alleanza difensiva con lo stesso Cristiano, suo rivale di un tempo. Con l'eroica città anseatica, il sovrano svedese concluse e firmò un'alleanza per vent'anni.

La conformazione della città, posta per metà sul mare un po' come Venezia, per parte sua gli assicurava una buona difesa, dato che sul mare e nella rada antistante dominavano le flotte scandinave. Ciononostante Wallenstein condusse un buon numero di soldati per garantirsi il successo nell'assedio. Si afferma che di fronte all'ostinazione dei borgomastri manifestata durante i contatti avuti, abbia pronunciato: *"La città dovrà cedere, anche se fosse legata con catene al cielo"*.

L'assedio era iniziato all'inizio dell'anno, durante gli accordi preliminari volti ad ottenere per via

▲ *La città di Stralsund al giorno d'oggi. L'antica città ha conservato intatta la sua fisionomia.*

pacifica una soluzione alle richieste imperiali, stimate allora in 100.000 talleri. Mentre i dignitari della città andavano e venivano per discutere la cosa, il luogotenente di Wallenstein Hans Georg Von Arnim, con un colpo di mano occupava l'isolotto di Danholm, posto di fronte alle mura di Stralsund preparava le trincee per le artiglierie. La fiducia nei negoziati venne meno ed anche i cittadini circondati si attivarono per rinforzare bastioni ed arruolare milizie.

Cominciarono quindi regolari cannoneggiamenti che misero subito in grande difficoltà i difensori. Messi cittadini presero la via del mare per chieder urgenti aiuti ai re scandinavi.

Intervenne per prima la Danimarca che fornì un reggimento di scozzesi, e altri soldati danesi e tedeschi per un totale di 1.000 soldati al comando di Heinrich Holk. Questi diedero respiro alla città che così difesa poteva far fronte all'assedio. Wallenstein, resosi conto dell'ostinata resistenza, si decise ad attaccarli sul serio e inviò quindi tre reggimenti e nuove artiglierie richieste al Duca di Pomerania. Contemporaneamente cercava una via d'uscita da quel vespaio; si rendeva conto che la città non valeva lo sforzo profuso per la sua cattura, e avanzava richieste relativamente modeste, limitate all'accettazione di una guarnigione. L'arrivo di Holk mise fine a qualsiasi mediazione, rafforzata poi con l'arrivo degli svedesi il 30 giugno: otto navi ed un altro migliaio di uomini, con essi iniziava, si poteva dire anche la guerra "svedese". Gli svedesi stipularono come detto un'alleanza con la città attraverso precise clausole che ben manipolate ridussero infine la città a una vera e propria colonia svedese, dopo che essa si era rifiutata di esserlo dell'impero.

Qualche giorno dopo la firma del trattato con la Svezia, Wallenstein in persona prendeva il comando delle operazioni. Egli disponeva di 25.000 uomini e cannoni sufficienti. Diede quindi subito il via all'assalto. Fu uno scontro terribile: due

▲ *L'assedio di Stralsund in una stampa coeva*

giorni e due notti di bombardamento continuato, con gli attacchi delle fanterie che iniziavano sempre dopo la mezzanotte, concentrate su due delle quattro porte della città.

Fuoco e fiamme si rovesciavano sui bastioni, palle di moschetto, cannonate che stracciavano le carni degli uomini coinvolti, lamenti dei moribondi, mezzi annegati nelle acque della rada.

La seconda notte d'assalto alcune fortificazioni esterne cadono finalmente nelle mani degli imperiali. Un terzo assalto le sarebbe stato fatale. Il senato cittadino occupò quindi il giorno successivo alla ricerca di una disperata soluzione.

Ne tentò due: una lettera di clemenza per Wallenstein, ed una nettamente all'opposto a Gustavo Adolfo, implorante l'invio immediato di soccorso. Nel frattempo nell'inquieto e misterioso animo di Wallenstein iniziava il ripudio per questa vicenda. In sostanza non gli interessava la città, preferiva notevolmente che la stessa fosse disposta al trattato e quindi accettò i colloqui con i maggiorenti di Stralsund. Questi si svolsero all'insegna di un'accentuata gentilezza e pazienza da parte del generalissimo, che ora si accontentava davvero di poco: un semplice giuramento di fedeltà all'impero da parte di una guarnigione, stavolta solamente cittadina.

Una soluzione molto favorevole, richieste eccezionalmente miti per l'esausta città, che però finì col non accettarle per svariati motivi: in primo luogo perché a comandare a Stralsund erano or-

mai gli stranieri, e gli svedesi e danesi in guerra con l'Imperatore non potevano arrendersi.

Finiti i colloqui Wallenstein offrì loro una breve tregua al termine della quale si ricominciò a sparare per diverse giornate, ma nel contempo cessarono anche gli assalti notturni, gli unici che erano sembrati efficaci per giungere ad una soluzione armata. Il duca di Friedland aveva in ogni modo già deciso: voleva togliersi dal quel ginepraio. Le perdite subite sfioravano già i 10.000 uomini, e l'avversario danese, il Re Cristiano si

▲ *La soldataglia imperiale di wallenstein posta il campo d'assedio nei pressi della città anseatica.*

▲ *Picchieri imperiali impegnati ad assalire una fortezza. Tavola di F.Gerash*

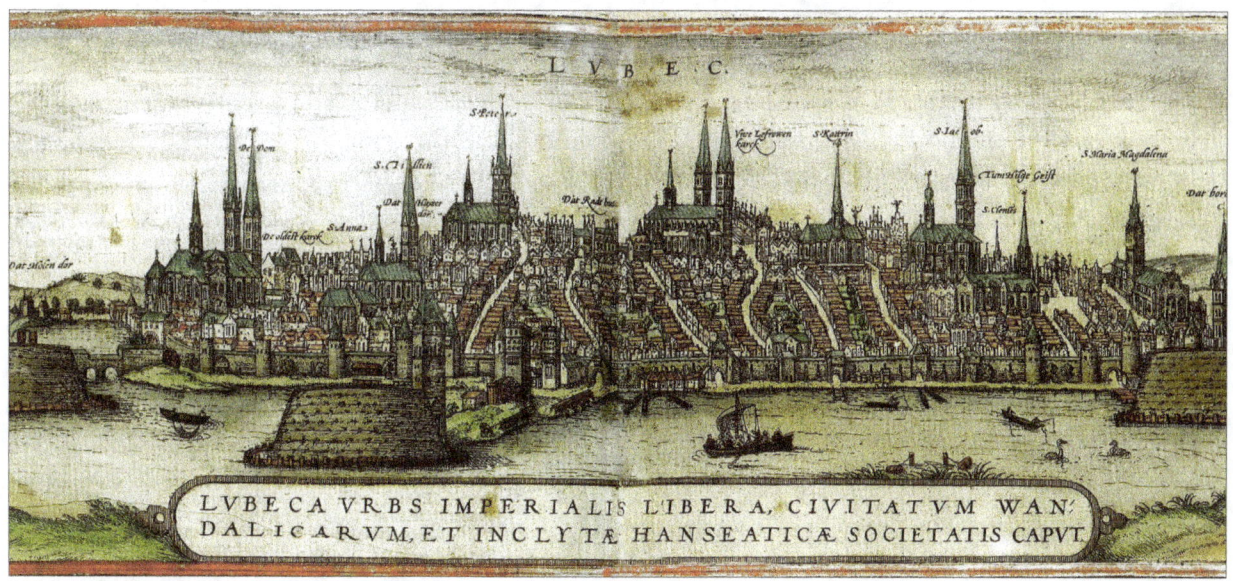

▲ *La Libera città anseatica di Lubecca. Dal libro Civitates Orbis Terrarum 1572 edito da Braun and Hogenberg*

stava muovendo proprio verso il "suo" Meclemburgo. Wallenstein lasciò quindi Arnim per qualche giorno ancora davanti alla città ed il 25 luglio levò con gran parte del suo esercito incontro a Re Cristiano. Poco tempo dopo anche Arnim smontò il gigantesco apparato d'assedio e raggiunse il suo generale. La città giubilava, la popolazione liberata si diede al saccheggio di ciò che poteva sull'isolotto di Danholm.

La liberazione fu accompagnata da versi satirici nei confronti del beffato Wallenstein: *"Hai proprio dimenticato il tuo Dio, osando così malvagiamente, abbattere la città buona, benché legata con catene al cielo, avresti voluto raderla al suolo e annientarla. Davanti a Stralsund il fulmine ti ha colpito".*

Questo fatto rese la città la prima base operativa della lotta all'Imperatore; i mercenari danesi si allontanarono, gli svedesi ne presero possesso e ne fecero una loro base con 5.000 uomini ed un governatore. Non servì quindi molto tempo agli sfortunati abitanti della martoriata città anseatica per rendersi conto di aver salvato ed insieme perduto la loro indipendenza.

LA PACE DI LUBECCA

L'esercito danese in avvicinamento, salpato da Rugen raggiunse ed occupò i forti di Peenemunde e di Wolgast. Il 24 agosto 1628 Re Cristiano giunse con un'armata assai ridotta di 6.000 uomini nei pressi del castello di Wolgast; si dispose tuttavia in una linea difensiva abbastanza robusta, con i fianchi coperti dal mare o dalle paludi. Wallenstein gli si fece incontro con 8.000 uomini e con un attacco deciso ebbe facilmente ragione dell'avversario sterminando tutti quelli che non si arresero o che riuscirono a fuggire per mare con il loro sfortunato sovrano.

Questa battaglia fu l'ultimo atto della fase danese. Entrambe le parti reclamavano la pace: i danesi perché non avevano scelta, e gli imperiali perché non potevano sperare in vantaggi superiori. L'esercito imperiale non riuscì ad impadronirsi delle isole danesi, premessa necessaria alla resa totale, perciò furono intrapresi seri negoziati a Lubecca. Wallenstein si augurava anche che concedendo una pace onorevole a Cristiano, questi avrebbe potuto trasformarsi in un alleato contro il nemico di domani: Gustavo Adolfo. In precedenza l'Imperatore aveva preteso dallo sconfitto Re di Danimarca la cessione dei ducati dello Schleswig e quello dell'Holstein e persino dello Jutland. Le trattative iniziarono nel maggio del 1629 a Lubecca, città scelta a sede dei negoziati di pace, e furono condotte dal Wallenstein per la parte imperiale. Furono poste condizioni assai favorevoli a Re Cristiano.

L'Imperatore si "accontentò" della cessata ingerenza religiosa del sovrano danese sui fatti tedeschi in generale e della Bassa Sassonia in particolare. Re Cristiano dovette anche riconoscere la dignità elettorale di Massimiliano di Baviera, ed anche accettare come legittima la deposizione dei duchi del Meclemburgo ed il trasferimento dei loro ducati al Wallenstein.

Su tali basi si concluse la pace di Lubecca il 7 Luglio 1629. Con essa Cristiano recuperò tutti i territori perduti; in cambio promise di non intervenire mai più negli affari interni dell'Impero. Così ebbe termine definitivamente la fase danese. A che cosa era dunque approdato l'intermezzo danese? Cristiano era sconfitto e caduto in discredito e Carlo I d'Inghilterra si ritirò definitivamente dal conflitto.

A quell'ora la causa protestante era finita in rovina, ma almeno era sopravvissuta.

▲ *L'assedio di Stralsund nella bella incisione di M.Merian da Topographiae Germaniae (collezione dell'autore)*

L'EDITTO DI RESTITUZIONE

Nella campagna protestante del 1626 si possono distinguere due imprese diverse, terminate entrambe con un disastro: l'attacco, in collaborazione col principe di Transilvania, contro gli imperiali ad est, e l'avanzata verso sud, dalla Danimarca, contro l'esercito della Lega cattolica. Il progetto orientale non ebbe altra conseguenza che la morte, in un lontano villaggio bosniaco, del generale Mansfeld.

Quanto ai danesi, le gravi sconfitte di Lutter e di Wolgast, furono sufficienti ad affermare la superiorità di Tilly e Wallenstein, ad aprire lo Schleswig-Holstein all'avanzata dei cattolici, e a togliere ai danesi ogni altra pretesa nella contesa. Di nuovo la causa protestante era caduta nell'abisso più profondo, e di nuovo il completo trionfo imperiale creò forze di reazione destinate a limitarlo e frenarlo. Nell'esaltazione prodotta dalla vittoria, gli elettori cattolici concepirono un'idea abbastanza naturale, ma poco saggia, perseguita con conseguenze perniciose agli interessi dell'Imperatore. Una massa considerevole di ricchezza ecclesiastica, che comprendeva nella Germania settentrionale due arcivescovati e dodici vescovati, era, sin dal 1552, passata dai cattolici ai protestanti. Parte di questa imponente proprietà era stata spesa degnamente a sostenere la chiesa luterana; il resto, assai meno degnamente, a soddisfare le esigenze e il lusso dei principi dell'impero. Tutto questo bottino doveva ora, in virtù di un editto emanato il 6 marzo 1629, ritornare ai suoi antichi proprietari cattolici. È facile immaginare come una simile rivoluzione turbasse gli amministratori protestanti, costretti, sotto la tirannica pressione delle truppe di Wallenstein, a cedere una proprietà che da molti anni ormai consideravano propria. L'editto era un foglio di sole 4 colonne di testo, pensato e supervisionato da

▲ *L'editto "Fonte di tutti i mali" Biblioteca di Norimberga*

Ferdinando e dalla sua guida spirituale: il confessore gesuita Guglielmo Lamormaini.

Raramente un semplice foglio di carta ha scatenato tante controversie nelle province dell'impero. Il documento fu stampato in grande tiratura, ne sono note ben 35 differenti versioni, e distribuito largamente in tutta la Germania.

In definitiva esso finì con rappresentare l'inizio della rovina per il suo creatore, tanto era severo e rigido. Venne perciò definito dagli storici del tempo: *"Radix omnium malorum"* (la fonte di tutti i mali). La prima stesura venne sollecitata durante l'assemblea di Muhlhausen nell'autunno del 1627, convocata per discutere le conseguenze della sconfitta danese. La cosa parve però cadere lì, ma quasi un anno dopo, alcuni importanti vescovi ricordarono all'Imperatore, in una lette-

▲ *Trombettiere di cavalleria imperiale. Tavola di F.Gerash*

ra congiunta, la promessa fatta di restituire alla chiesa cattolica ciò che era stato tolto dalla pace di Augusta in poi. L'abbozzo preparato, come detto da Ferdinando e Lamormaini, fu inviato per studio e visione agli elettori vescovi cattolici. Questi premettero perché lo stesso fosse redatto in forma ancora più dura, che contenesse in pratica un'esplicita lotta al calvinismo, e anche la possibilità di un'estensione delle sue norme alle città libere dell'impero.

Stampate in gran segreto e distribuito alle cancellerie di tutta la Germania con preghiera che ne fossero ricavate numerose copie da pubblicare tutte insieme nel marzo del 1629.

Per i mesi a venire questo documento dall'apparenza banale scritto con caratteri minuscoli, fu l'argomento principale di ogni dialogo e convenevole. Il circolo della Bassa Sassonia, la Westfalia ed il Württemberg furono tra le regioni più colpite dall'editto. Queste ospitavano infatti un migliaio fra monasteri, conventi e altri possedimenti già secolarizzati dai locali principi.

Alcune gravi discussioni nacquero per la sottile differenziazione fra luteranesimo e calvinismo, che non erano trattati formalmente alla stessa stregua. Altri abusi furono fatti non rispettando la data termine del 1552, data dalla quale s'intendeva valesse l'editto, così furono messe in discussione anche secolarizzazioni di epoca anteriore alla pace di Augusta. Gli eserciti della Lega, ovviamente collaborarono attivamente con i commissari imperiali impegnati nell'opera di restituzione; più complesso il discorso sui territori dove stazionava l'armata di Wallenstein.

Questi era infatti ancora impegnato a ridurre il pericolo danese, ed occupato nell'assedio di Stralsund; va ricordato inoltre che nell'animo suo le questioni religiose erano di poca o nulla importanza, tanto da suggerire all'Imperatore maggiore moderazione, salvo quando si trattava di poterci guadagnare del suo.

LA DIETA DI RATISBONA: SI DECIDE IL LICENZIAMENTO DI WALLENSTEIN

Furono gli stessi cattolici ad osservare l'atteggiamento del generalissimo, quando seppero che i padri gesuiti andavano ad occupare abbazie dove non erano stati mai prima d'allora e che, dietro consiglio di Wallenstein, si progettava la creazione, con le ricche sedi della Germania settentrionale, di un principato per un principe ereditario. A quale scopo, si chiedevano i tedeschi, sia cattolici che protestanti, tendeva il Wallenstein? Era già Duca del Meclemburgo, di Sagan e di Friedland; insignito dei titoli di *Generalissimo* ed *Admiralissimo*, con al suo servizio un grande esercito, composto di soldati di ogni fede e di ogni paese che saccheggiava allo stesso modo cattolici e protestanti.

Si riteneva il padrone della Germania? Oppure sognava di divenire imperatore con un colpo di stato? Erano ormai troppi i dubbi di molti: protestanti e cattolici tedeschi. Massimiliano di Baviera era un onesto papista, ma non aveva combattuto per Ferdinando alla Montagna Bianca per permettere ad un condottiero boemo di calpestare i diritti dei legittimi principi tedeschi. Già nella citata assemblea di Muhlhausen fu sferrato il primo attacco al generale boemo, ma allora Ferdinando arginò la cosa. C'era una guerra da combattere, e Wallenstein sapeva fare bene il suo mestiere di soldato. Alla fine del 1629 anche l'elettore vescovo di Magonza si univa al coro di chi voleva l'esautorazione di Wallenstein e sostenne con Ferdinando la tesi che non sarebbe stata possibile alcuna pace in Europa finché il suo generale conservava la responsabilità dell'esercito. Si convenne quindi di convocare i sette elettori allo scopo di risolvere la faccenda. Alla Dieta di Ratisbona (luglio 1630) Massimiliano con gli altri elettori insisté perché Wallenstein fosse congedato e, con grande sorpresa dei tedeschi e sua, fu accontentato.

L'imperatore alla fine aveva ceduto, ma pose la condizione che Wallenstein non subisse alcun pregiudizio od umiliazione, né che fosse costretto a qualsiasi forma di ammenda. Aggiunse che gli fossero garantiti come legittimi i territori a lui assegnati. Volle anche che la notizia gli fosse riferita nei modi più diplomatici possibili, e per questo l'ambasciata fu curata da amici del Wallenstein. Contrariamente ad ogni aspettativa gli ambasciatori trovarono il generale assai tranquillo, e furono ricevuti con la massima gentilezza. Wallenstein ebbe il solo "astrologico" vezzo di dichiarare d'avere saputo di questa delibera scrutando le stelle grazie agli apparecchi del suo laboratorio che mostrò ai suoi stupiti ospiti. Si ritirò quindi nei suoi ducati conducendo vita e corte regale ben conscio che la questione con lo svedese era alle porte, e che il suo contributo sarebbe stato nuovamente reclamato. Insomma presto avrebbero avuto ancora bisogno di lui!

Di questa inattesa rivolta contro l'impressionante dominio dell'Austria asburgica, la Francia, sotto la guida del cardinale di Richelieu, approfittò abilmente e prontamente. Disarmando la Baviera con un trattato segreto, accettò di finanziare con il Trattato di Barlwalde del 23 gennaio 1631, un'invasione svedese nella Germania, allo scopo di rialzare le fortune della causa protestante.

▲ *L'alter rathaus di Ratisbona storica sede della Dieta imperiale da secoli.*

Theatrum Europaeum
Il Giornale del tempo…

In questo numero: La pace di Lubecca 22 maggio 1629. L'Editto di Restituzione 6 marzo 1629.
Ritratto di Ferdinando II fatto dal Nunzio Apostolico Carafa.

PACE DI LUBECCA FRA FERDINANDO II E CRISTIANO IV.

Lubecca, 1629, maggio 22 *"punctum legitimationis"*.
Relazione di Du Mont in *Corpi universel*.

*S*i fa conoscere che - dopo che per molli anni tra l'illuminatissimo, potentissimo e insuperabile principe e duca Ferdinando II, imperatore del S.R.I., pari del regno, ecc. e il potentissimo principe e duca Cristiano IV, re di Danimarca, Norvegia, ecc, si sono verificati rancori ed incomprensioni, da cui sono derivate alcune grandi e difficili guerre ed inimicizie. Affinché le stesse finiscano e non si verifichino ulteriori inopportunità (Ungelengenheit) e rovine in queste misere terre, principati e province abbiamo predisposto da entrambe le parti, il romano imperatore ed il degno re di Danimarca, un trattato di pacificazione nella città di Lubecca per riportare e ristabilire la nobile e degna pace e per piantare una duratura fiducia nei tedeschi, redatto e stampato il 16 e 6 gennaio di quest'anno in corso, alla presenza degli illustri ed illuminati principi e duchi Albrecht, duca di Friedland e Sagan, ecc, e l'illustre conte e duca Johann Tsendaes, conte di Tilly, Sua Maestà reale e respective cancellieri e consiglieri del Regno, consiglieri tedeschi, consiglieri, funzionari di Nieburg, Rippen, Steinhurg e Rensburg, il signor Kristian Friesen, cavaliere, i signori Jacob Blefeld e Albrecht Scheel, cavalieri, e Heinrich Ransaw, deputati, incaricati e plenipotenziari, i quali in parte sostituiti da altri in virtù della loro potenza (il consigliere di guerra si Sua Maestà imperiale, alti generali di fanteria e cavalleria, l'illustre signore di Altringen, barone Maximilian, conte di Grossfeld; inoltre il tenente del camerlengo di Sua Maestà imperiale, l'illustre Giovanni Baltasarn, barone di Dietrichstein, Joh. Christopff Rupen di Donhausen e Meulenbach, il

▲ Lubecca la famosa Holstentor (la porta dell'Holsten)

consigliere camerale di corte di Sua maestà imperiale, ecc, Reinhard di Walmeroden) in parte di persona sono giunti al luogo indicato.

Lì hanno sbrigato secondo buon gradimento il punctum legitimationis, hanno avuto il coraggio di riflettere sull'importanza e la necessità (di cose e azioni) e dopo matura considerazione di tutto ciò sono giunti alla considerazione della possibile eliminazione di tutti e singoli gli ostacoli e dopo molte estenuanti trattative, hanno stabilito, trattato e concluso una pace giusta, sicura, costante e perpetua nei seguenti punti ed articoli, con la grazia Divina, a lode di Dio l'onnipotente e per servire al meglio la causa comune.

Primo. Sua Maestà imperiale romana e Sua Maestà reale di Danimarca e Norvegia dovranno e vorranno da ora e per i tempi eterni conservare una giusta e oggettiva sincera amicizia tanto per mare che per terra, cioè: tutto ciò che in passato e finora è stato oggetto di controversia, per il futuro non sia più oggetto di pensiero, bensì spento, finito, sfumato, cancellato e morto ed al posto del contrario sia e voglia essere conservata una costante e buona pace ed una perpetua unità tra Sua Maestà imperiale il romano imperatore e Sua Maestà reale e anche tra i loro successori, eredi e discendenti da entrambe le parti.

A questo scopo Sua Maestà reale non si esprime sulle cose del Sacro Romano Impero, diversamente da come si addice ad un principe o rango dell'impero - circa il ducato di Holstein; né il duca o i suoi figli si vogliano in futuro immischiare né delle cose di Sua Maestà imperiale, né di quelle del suo governo.

Di contro. Sua Maestà imperiale non si immischierebbe nelle cose di Sua Maestà reale, del suo reame e stato, né voglia recar danno al suo reale governo. Se, per caso non sperato, tra Sua Maestà imperiale e Sua Maestà reale o tra i loro successori, eredi o discendenti dovesse risvegliarsi qualche malinteso od errore, gli stessi dovranno essere divisi senza nessuna reciproca azione di forza, riappacificati anche con l'intervento di arbitratores ricercati da entrambe le parti per il ripristino della pace.

Secondo. Per quanto concerne il risarcimento dei danni e dei costi di guerra. poiché in queste trattative di pace è stato disposto tutto convenientemente, cosicché tra Sua Maestà imperiale e Sua Maestà reale è stato posto un solido fondamento per un duraturo e perpetuo buon rapporto che si estende anche ai posteri e poiché tutti gli ostacoli che si troveranno sulla strada sono stati spazzati via e più nulla sussiste come motivo di scontento, e neppure vi può essere introdotto, perciò è nostro desiderio deporre anche questa richiesta: perciò nessuno da parte di Sua Maestà reale o nel Sacro Romano Impero potrà più a lungo pretendere (risarcimenti) da nessuno, benché poi tutte ed ogni pretesa sollevata da Sua Maestà reale in Niedersachsen sulle frontiere restino e vengano mantenute espressamente con riserva; allo stesso modo le province, principati e terre occupate da Sua Maestà reale: Wendtusel, Jutland, Schleswig, Holstein, Stormarn e Ditmarschen insieme a tutte le altre altezze (Hochheiten), regalie, castelli, uffici, cose, fortezze, città, armi, porti, villaggi, campi e tutto ciò che vi appartiene, e

▲ Il palazzo reale di Cristinai IV di Danimarca

anche la loro giustizia tomi in esatta misura come prima in possesso di Sua Maestà reale, pur con riserva di Sua Maestà imperiale e del Sacro Romano Impero nel ducato di Holstein, Stormarn e Ditmarschen, di dover restituire gratuitamente sovranità e diritto di esercitare giustizia insieme ai pezzi ancora trattenuti. Così i soldati tedeschi alloggiati nelle province, principati e terre sopra citati se ne possano andare senza rimostranze, pretese o danni, in buon ordine e con disciplina, anche quelli del ducato di Holstein e delle terre incuneate (endaves).

Saranno sospesi i processi di confisca e altri procedimenti contro persone e cose senza nessuna ulteriore pretesa o pagamento e allo stesso modo si procederà per la religione e i profeti, contro i quali nessuno potrà procedere e creare turbativa in nessun modo.

Terzo. I prigionieri di entrambe le parti verranno reciprocamente consegnati senza carichi e senza indugio.

In quarto luogo. Vogliamo che in questo trattato di pace siano compresi da parte di Sua Maestà imperiale le corone di Spagna e di Polonia e la serenissima infante di Bruxelles, la duchessa dei Paesi Bassi, insieme a tutta la degna casa d'Austria, l'elettore di Baviera insieme a tutti gli altri principi elettori e stati dell'impero germanico con i loro sudditi che si sono messi dalla loro parte. Allo stesso modo, dalla parte del re di Danimarca, Norvegia, ecc, i re di Francia, Gran Bretagna e Scozia, così come gli stati delle province unite dei Paesi Bassi, che vogliono essere inclusi.

Quinto. E poiché da parte della dignità reale, il re di Danimarca, Norvegia, ecc, è stata fatta urgenza con forza e con zelo, perché in questo trattato di pace e ricordo vivente fosse espressamente inserito che i principi e stati dell'impero non possano essere molestati oltre il diritto e oltre l'ordine; tuttavia venga durevolmente disposto che è l'espressa volontà di Sua Maestà imperiale che nessuno venga molestato contro il diritto e la giustizia. Così Sua Maestà reale cederà totalmente alla casa di Schleswig, di Holstein e di Gottorp le isole di Femern, Nordstrand e anche la loro parte sulle isole di Worde e di Suld (resterà tuttavia mantenuto il diritto di Sua Maestà reale e della corona di Danimarca di autorità e giustizia su queste isole) con tutti i canoni che vi sono, senza danno per i residenti e concederà altresì che i soldati che si trovano sull'isola si ritirino in buon ordine e con disciplina e che in futuro né principi né stati del Sacro Romano Impero andranno contro questo Stato (dell'impero), neppure per le cose che possono essere successe in questo periodo di guerra.

Tutti e ciascuno degli articoli sopra elencati dovranno essere portati immediatamente a Sua Maestà imperiale come a Sua Maestà il re di Danimarca e di Norvegia per le ratificationes particolari delle due parti.
Le due parti si impegneranno e prometteranno che i capita del trattato vengano mantenuti parola per parola in tutto il loro contenuto fermamente, decisamente e irremovibilmente, Sua Maestà imperiale per se stessa, i suoi successori, eredi e discendenti e Sua Maestà reale di Danimarca per se stessa, il cuore dei suoi figli, successori, eredi e discendenti, perché nessuno possa intervenire contro il trattato in nessun modo né via, né in modo directo né indiretto; che nessuno - chiunque sia - possa intervenire sotto nessun pretesto né forma, né dare alcuna occasione per farlo e le confermeranno con la loro sottoscrizione personale e i loro sigilli insieme ai cuori riuniti dei consiglieri della corona di Danimarca. Dato a Lubecca il 22 maggio 1629.

▲ *Al termine di una guerra assai sanguinosa, il re di Danimarca ebbe la fortuna di ottenere una pace a buon prezzo.*

▲ *Moschettiere e picchiere della guerra dei trent'anni, le due specialità regine della fanteria. Tavola di Frolich*

EDITTO DI RESTITUZIONE

Vienna, 6 marzo 1629 *Radix Omnium Malorum*
H. Urban, Druck und Drucke des Restitutionse-
dirts von 1629, *"Archiv fur Geschichte des Buchwesens"*

Noi Ferdinando II, imperatore romano per grazia divina, colui che accresce il regno in tutti i tempi ecc.. riteniamo per primo, che siamo stati coinvolti in una inutile disputa, contraria alla pace di religione ed ai precedenti statuti imperiali tuttora validi, e che in tal maniera si è venuta a creare nel Sacro Romano Impero l'attuale questione: se anche i conventi, i monasteri e le prelature, in quanto siti in territorio e sotto la sovranità di principi o di stati, siano da ritenersi inclusi nella pace di religione [di Augusta] che compete alle autorità dei principi o ad altre autorità territoriali, e se questi abbiano avuto o abbiano tuttora il potere di esercitare autorità, di poter riformare o in altro modo usare il loro potere a scopo di bene o comunque secondo la propria volontà. Che poi questo non debba avvenire, ovvero che non spetti alle autorità attentare ai diritti della Chiesa, anche se esse non sottostanno al Sacro Romano Impero, di questo la pace di religione parla chiaramente al paragrafo "contro" (par. 4), di cui si ricorda che gli appartenenti alla confessione augustana non debbono intervenire sugli altri stati del Sacro Impero (della vecchia religione), ecclesiastici o laici, con le loro leggi e le loro classi religiose, prescindendo da se e dove questi possano essersi trasferiti; devono consentire la pratica delle tradizioni religiose e l'esercizio della fede, nonché rispettare l'ordinamento ed i cerimoniali, i possedimenti mobili ed immobili, le terre e le genti, le autorità, le signorie e le leggi, i proventi, le tasse e la decima; devono lasciare che questi possano esercitare e godere (i loro diritti) in piena tranquillità e non devono intervenire nei confronti di questi né con i fatti né in altra maniera sfavorevole, bensì devono permettere che si possano muovere in tutti i modi secondo le disposizioni legislative, le norme, e gli ordinamenti sulla sicurezza pubblica del Sacro Impero; devono permettere che possano esercitare l'uno nei confronti dell'altro le leggi, tutto

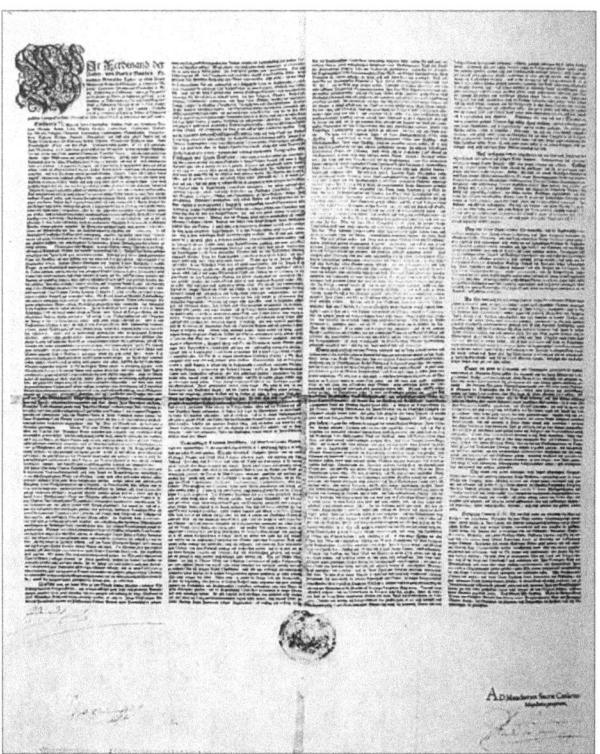

▲ Copia autografa di Ferdinando II dell'editto di Restituzione trasmessa a Massimiliano di Baviera.

ciò nel rispetto del principe, delle parole vere ed evitando le pene ai sensi della quiete pubblica stabilita. Certo, la dizione "ed altri stati ecclesiastici" non riguarda quei conventi e monasteri direttamente dipendenti o facenti parte del regno come stato e particolarmente quando sono situati nel territorio degli appartenenti alla confessione augustana; questo non lo insegnano soltanto gli atti del regno ed i prothocolla, che sono stati deliberati in materia dal Consiglio dei principi, in cui tutto ciò che in questo paragrafo è dedicato agli ecclesiastici ed ai loro fondatori, viene posto in un periodum ed esposto ed espresso in maniera molto diversificata in primo luogo per ciò che riguarda gli ecclesiastici facenti parte degli stati del regno, e poi per quanto riguarda coloro che non ne facessero parte e fossero siti in altri territori, eppure il contesto stesso fa capire che i religiosi, che abbiano cambiato residenza o meno, hanno diritto a riscuotere le tasse ed i proventi del loro territorio di origine, e comunque ciò va dedotto chiaramente anche dal para-

grafo "perché anche" (par. 8), in cui la giurisdizione ecclesiastica non verrebbe applicata nei confronti degli appartenenti alla confessione di Augsburg però con la clausola, in base alla quale ai principi elettori ecclesiastici, ai principi ed alle classi, ai collegi, ai monasteri ed ai confratelli tali sospensioni sulle tasse, sulla moneta, sui tassi e sui decimi, sui feudi laici, ed anche altri diritti come sopra descritti (vedi il paragrafo precedente "contro") debbono risultare inviolabili, ribadendo lo stesso per quei religiosi che fanno parte delle classi, come anche i collegio., I monasteri e confratelli, di cui qui si tratta. Questo statuto sui beni ecclesiastici diretti ed indiretti, sulle tasse ed i tassi corrisponde al testo imperiale approvato nell'anno 1544 paragrafo "e con" et sequentibus, che come i testi già varati in precedenza, non viene modificato espressamente mantenendo il suo significato originale. Va giudicato inoltre quanto scritto nel paragrafo "dove però" (par. 7) e si aggiunge che quei conventi e monasteri che non fanno parte degli stati dell'impero ed i cui possedimenti al momento del patto di Passau o comunque fino alla firma del medesimo non fossero stati degli ecclesiastici e che invece ancora prima del patto di Passau fossero passati agli appartenenti alla confessione augustana rimangano in possesso di questi ultimi e che ciò non venga ulteriormente contestato. Siccome quei conventi e monasteri che sono immediatamente alle dipendenze del Sacro Romano Impero vanno distinti da quelli siti in altro territorio, e pertanto di non diretta pertinenza degli stati, si dispone che per questi, e particolarmente per i beni di questi conventi e monasteri, valgano le norme vigenti prima del patto di Passau; gli stessi stati non dovrebbero ora più discutere né impugnare le vie legali circa il destino di questi beni; se ne deduce che quei conventi e monasteri che facevano parte della pace di religione non prima ma dopo il patto di Passau, ne costituiscono l'eccezione e che agli appartenenti alla confessione augustana non si da nessun diritto di riformarli od inglobarli; questo non sarà ammesso e se dovesse invece succedere, le parti potranno far valere i propri diritti. Inoltre si è venuto a sapere, che numerosi stati contestatarie si sono per-

messi di comportarsi in disaccordo alla seguente lettera del paragrafo "e dopo che etc." (par. 6) in cui si dice chiaramente: "Dove un arcivescovo, vescovo prelato etc. venga rispettato". Non soltanto alcuni non hanno ceduto i rispettivi vescovati dopo aver abbandonato la fede cattolica, altri, che non avevano tali beni, hanno cercato di appropriarsi di tali vescovati e prelature, accecati dal paragrafo presente e adducendo il pretesto, che questo non facesse parte della pace di religione, lo accolsero con vivaci proteste. Per questo noi facciamo studiare attentamente gli atti per ottenere informazioni esatte su tale paragrapho, detto genericamente anche "del reservatum ecclesiasticum", e per capire quale ne sia la natura e come sia da intendersi nell'ambito della pace della religione (anche se poi la lettera sulla pace della religione dovrebbe essere sufficiente); In base a ciò decideremo sulle contestazioni presentateci, affinché la pace della religione sia composta e redatta con la partecipazione, la buona volontà ed il consiglio di tutti i principi elettori e da tutti gli stati di entrambe le religioni; in seguito essa va ratificata e giurata dagli stati presenti, riconosciuta in tutti i suoi singoli punti, clausole e articoli, perché venga attuata con la fedeltà più assoluta e perché non venga trasgredita. Noi ed i nostri predecessori ci siamo impegnati con esattezza nel nostro contratto di elezione ed incoronazione in questa pace di religione con i suoi precisi contenuti; i nostri principi elettori del Sacro Impero non ci avrebbero richiesto tale impegno senza riserva e differenza, se nel suo contesto vi fosse stato un passaggio qualsiasi, al rispetto del quale non fossimo stati obbligati. Da quanto fin qui esposto e basandoci sul contenuto della pace di religione e su altre leggi del Sacro Impero, nonché su atti ed attività imperiali già risolte, riconosciamo i tre articoli principali e 141 dichiariamo: in primis che gli stati contestatali non hanno alcun motivo per la loro protesta né per la presentazione di un gravamen, perché, su richiesta dei generali degli ordini, degli abbati e prelati e di altri stati ecclesiastici non direttamente alle dipendenze del Sacro Impero si istituisca un processo innanzi a noi o al tribunale imperiale, affinché questo processo venga concesso, svolto e portato ad una sentenza, in materia di confisca dei conventi, monasteri, ospedali e delle fondazioni religiose. Però constatiamo anche che gli stati cattolici che hanno giustamente lamentato che i loro monasteri e beni ecclesiastici, di cui erano in possesso da sempre o comunque sin dai tempi del patto di Passau, erano stati confiscati contrariamente allo spirito della pace di religione, ora contestano il sequestro delle tasse e dei proventi loro spettanti, dicendosi indignati di tale violazione della pace suddetta, che comporta la ritenzione dei beni da parte delle autorità contro le intenzioni ed opinioni degli ideatori della norma e contro l'evidente interpretazione stessa della pace della religione. Nel secondo articolo non riconosciamo alcun motivo di protesta da parte degli appartenenti alla confessione augustana; lamentano che loro confratelli, che sono ancora in possesso di fondazioni religiose, vescovati e prelature dipendenti dal Sacro Impero o che comunque ne rivendicano il possesso, non vogliono essere considerati vescovi o prelati da parte degli stati cattolici, né vogliono notare durante le sedute del Consiglio, né vogliono riceverne le regalia ed il feudo, visto che da parte dei cattolici in base allo spirito del reservatum eccleslasticum vien fatta presentazione di gravamina in cui si chiede che i loro vescovi e prelati usciti dalla religione cattolica, non possano mantenere i rispettivi vescovati e prelature, nonché ogni diritto e privilegio di cui godevano prima che fossero riconosciuti quali stati facenti parte dell'impero proprio grazie al possesso di tali vescovati e prelature, e che anche coloro che non fossero di fede cattolica, né qualificati in alcun modo nello Stato ecclesiastico, non possano appropriarsi di questi vescovati e prelature e continuare a farlo, credendo di annullare con ciò tutti gli stati ecclesiastici cattolici e quelli a loro simili. Trovandosi ora la spiegazione del-

▲ *Saccheggio di una sacrestia da parte della soldataglia. Stampa inglese del 600 (Collezione dell'autore)*

la parte più nobile ed importante dei gravamina, che comportavano problemi di sicurezza pubblica, come già detto in precedenza nelle parole chiare della pace di religione, nelle costituzioni e negli atti dell'impero ed avendo studiato se vi sia motivo di contestazione legittima o meno ordiniamo alla nostra Corte d'Appello [...] di giudicare ed emettere una sentenza su questa nostra dichiarazione anche in futuro senza discuterne oltre, qualora dovesse ripresentarsi un caso analogo a quanto descritto in questa risoluzione; e siccome le spolia e turbationes come anche l'occupazione dei conventi e delle prelature contrariamente al contenuto della pace della religione in molti luoghi (sono) noti e incontestabili, e risultando anche lo ius dalle parole, della pace di religione e da altre incontestabili leggi dell'impero come già menzionato sopra, in questi casi si dia assistenza alla parte oppressa, affinché possa ottenere quanto le spetta. Per attuare tanto la pace di religione quanto la pace civile siamo ora decisi a mandare i nostri commissarios imperiali nell'impero, perché essi chiedano agli illegittimi detentatoribus la restituzione degli arcivescovati e vescovati, prelature, monasteri e conventi, nonché dei beni ecclesiastici, degli ospedali e delle fondazioni che erano stati in possesso dei cattolici ancora prima o sin dai tempi del patto di Passau e che se li sono visti sottrarre contrariamente a quanto previsto dalle leggi; la Corte d'Appello provveda poi a trovare persone qualificate che dirigano queste fondazioni e questi conventi e faccia in modo che ognuno possa godere senza peripezie e perdite di tempo dei diritti riconosciutigli dalla pace della religione. Chiediamo allora ai presenti che ci ascoltano attentamente, di voler rispettare le leggi della pace di religione e della tranquillità pubblica, e di non violare questo nostro ordinamento, bensì fare in modo di attuarlo nelle rispettive terre, dove-i nostri commissari saranno a loro disposizione.

Coloro che attualmente posseggono i suddetti arcivescovati, vescovati, prelature, monasteri, ospedali, praebenda, fondazioni ed altri beni ecclesiastici, seguano lo spirito di questo nostro editto imperiale, preparandosi a rinunciare e restituire questi vescovati, prelature ed altri beni ecclesiastici, e mettendo il tutto senza riserva a disposizione dei nostri commissari imperiali senza opporre resistenze; altrimenti essi andranno anche soltanto per eventuali ritardi nella restituzione, incontro alle pene previste dalla pace di religione e dalle leggi di tranquillità pubblica, di cui si chiede il rispetto, e perderanno a causa della loro notoria disubbidienza tutti i loro privilegi e diritti ipso facto, senza condanna né sentenza; in seguito ne verrà inevitabilmente ordinata l'esecuzione.

Ordiniamo inoltre, che questo nostro editto imperiale, la risoluzione e la dichiarazione vengano pubblicati e resi noti in ogni modo dai principi nelle rispettive circoscrizioni, e che si dimostri rispetto copiis che verranno mandate di tanto in tanto nelle circoscrizioni, così come si rispetterà lo stesso testo originale.

Tutto ciò riteniamo essere della massima importanza. Edito nella nostra città di Vienna, nel sesto giorno del mese di marzo, nell'anno milleseicentoventinove, nel decimo anno del nostro impero nell'undicesimo del regno ungherese e nel dodicesimo di quello boemo.

Ferdinandt. V(idi)t P(eter) H(einrich) v(on) Stralendorf. Ad mandatum sacrae caesareae Maiestatis proprium M(athias) Arnoldin von Clarstein.

NOTE SULL'IMPERATORE FERDINANDO II
Da una relazione del nunzio apostolico Carafa

*I*l presente imperatore Ferdinando, di questo nome secondo, è figliuolo dell'arciduca Carlo di Gratz, che fu il minor figliuolo dell'imperatore Ferdinando primo. Li suoi stati patrimoniali non erano se non Stiria, Carinthia, Carniola et alcune parti del Friuli. Ma essendo mancate le linee dell'imperatore Massimiliano secondo e dell'arciduca Ferdinando d'Inspruch, sono caduti nella linea del predetto Carlo, e per successione e per accordo, come si dirà appresso con il re cattolico, tutti li stati che possedeva l'imperatore Ferdinando primo, cioè li regni di Boemia e d'Ungheria, le due Austrie, il contado di Tirolo, il lantgraviato d'Alsatia, parte della Brisgovia e Suevia con il marchesato di Burgau. L'imperatore è di età d'anni 51, di

▲ *L'imperatore Ferdinando II in tenuta da cavaliere. L'editto di restituzione rappresentò il suo trionfo politico.*

statura mediocre, di complessione robusta, di pelo che tira al rosso, di grata presenza, affabile e benigno con qualsivoglia persona e disposto assai ragionevole, beve parcamente et è di poco sonno, costumando d'andare a dormire alle 10 hore della notte all'usanza di Germania et essere sempre in piedi alle 4 e tal hora prima. Della pietà e zelo di questo prencipe non si potrebbe mai tanto dire che non fosse poco, perché non solo frequenta li sacramenti della confessione e communione nella sua capella ogni festa solenne et in specie in quelle degli Apostoli, ma costuma il giovedì santo communicarsi con la moglie e figli e gran parte della famiglia per mano del nuntio apostolico, dando in questa maniera esempio agli altri, come si deve satisfare a questo precetto della santa Chiesa.

Li giorni festivi rare volte (se non per cause grandissime) son consumati da Sua Maestà in altro che in fontioni divine. Suole Sua Maestà ogni giorno, dopo ch'è levata, udire due messe nella sua capella privata, una delle quali applica all'anima della sua prima moglie, che fu sorella del serenissimo Elettore di Baviera et, ancorché malsana, molto amata da lui.

Finite queste due messe, s'è giorno di festa, si communica, e dopo si transferisce nella chiesa, quivi ascolta per un'hora la predica tedesca, servendo in questa un padre giesuita. Dopo la predica ascolta la messa solenne cantata con musica esquisita, che durerà al meno un'hora e mezza. Il giorno ode la predica italiana nella sua capella pubblica dal padre Montopoli de' minori conventuali, vescovo ansariense, dignità che gli fu fatta conferire cinque anni sono.

Dopo questa predica fa celebrare il vespro, che se ne porta tutto il giorno et alle volte anche parte della notte. Non si solennizza festività niuna dentro e fuori della città, che l'imperatore non vi si transferisca alla messa, vespro e predica, et in specie frequenta i capuccini e giesuiti, con li quali alle volte rimane a mangiare con la moglie e i figli. Nell'avvento del Signore egli si leva ogni mattina un'hora prima del suo solito, continuando tutto quel tempo l'oratione delle Rorate, cioè una messa, il cui introito comincia "Rorate coeli desuper", alla quale vuole havere tutta la musica de-

votione, che si usa in Germania con gran frequenza in tutte le chiese, né vi sogliono accadere scandali, ancorché la messa si dica un'hora avanti il giorno.

Nella quaresima ascolta tre volte per settimana la predica nella capella pubblica di palazzo, e nella privata sino a Pasqua ogni sera fa cantare la compieta. La mattina del giovedì santo lava li piedi in pubblico e da da mangiare e serve in tavola a tredici poveri, dando poi loro un vestito et una doppia d'oro per uno, e suole assegnare loro un tanto il mese per tutta la lor vita. L'istesso atto di humiltà e devotione suol fare l'imperatrice nell'istesso giorno a tredici povere donne separatamente nel suo appartamento.

Il sabato santo poi Sua Maestà insieme con l'imperatrice e figli secondo l'usanza di questi paesi visita tutti li sepolchri della città, e nella festività del Corpo di Christo et ottava di esso, come anche nelle rogationi interviene in tutte le processioni sempre a piedi, e scoperto, senza riguardo di patimento e disagio niuno, con tanta divotione e riverenza, che non è meraviglia che ogni giorno si vedano molti baroni e cavalieri, mossi dal suo solo esempio abbandonare l'heresia, essendone pochi alla sua corte, che siano nati cattolici, e si scorge anco che la sua felicità e grandezza procede più che per prudenza riumana per la sua bontà e candore della sua conscienza.

Et invero di così santo prencipe si può dire che a guisa d'un altro Davide habbia così salda speranza nella divina potenza, che non potrà mai perire né cadere per qualunque infortunio, che tenti di scuoterlo e rovinarlo. Per ciò che l'abbiamo visto succedere a Mattias in tempo, che ardendo di guerra e ribellioni i regni e le provincie, non li era a pena altro rimasto, che la sola città di Vienna, la quale anco era in grave pericolo di perdere, e posto quasi in mezzo de' nemici di dentro e di fuori, di dove tentava d'assaltarlo il conte della Torre, mentre qui volevano fargli tradimento gli empii cittadini, sorgere in un tratto miracolosamente da queste angustie, assicurarsi della città, e contro tutte le insidie e forze de' nemici nel colmo delle guerre e de' rischi trasferirsi a Francfort per essere eletto imperatore e succederli ciò felicemente contro l'instanze de' boemi, e concorrere ad essaltarlo, rapiti dalla divina inspiratione, ancorché repugnasse la volontà loro, i suoi nemici; dopo tornato a Vienna, caduto in nuovi pericoli, vedersi attorno innumerabili eserciti de' suoi ribelli, indi a poco trionfare di tutti per la vittoria di Praga; ridotte sempre in nuova desperatione le cose sue, come l'anno 1621 per li cattivi successi d'Ungheria, e l'anno appresso per l'armi del marchese di Durlach, per quelle del Mansfelt, Alberstat et Betlem, del circolo di Sassonia inferiore unito con il re di Danimarca e con tutti li re e prencipi nemici di Sua Maestà e di casa d'Austria e finalmente dell'istesso Betlem e de' turchi, essere sempre, a guisa d'aquila che sormonta le nubi, sortito vittorioso e trionfante con la sola fiducia in Dio da queste angustie (come nelli maggiori pericoli molte volte mi ha detto), havendo la previdenza divina voluto mostrare la potenza sua essere di gran lunga superiore al giuditio humano, e con tentare il saldo petto di Sua Maestà con nuovi timori e pericoli confirmarlo nella sua confidenza, e render vana (come empia) l'opinione di coloro che maggiormente temono il cadere nelle mani degli huomini, che in quelle di Dio vivente. Onde, non havendo mai l'imperatore voluto (ancor che posto vicinissimo al precipitio) adherire a partito alcun pregiuditiale al servitio di Dio et alla propria conscienza, quindi è che Dio l'ha sempre protetto, essaltato et rionorato, e fatto palese, quando meno la prudenza humana lo credeva, che haveva a cuore l'interessi suoi e non si discostava dal fianco suo, perché ha fermamente sperato in lui, senza permettere luogo neanche momentaneo all'iniquità del cuor suo. Et in vero io posso sicuramente affermare, havendo in molte occasioni veduto per esperienza che qualunque persona né per benevolenza, né per merito, né per credito acquistatosi appresso Sua Maestà saria bastante a farli commettere un grave fallo, o vero operare contro la propria conscienza. Onde è (sì come è detto per la Corte, ma io non lo credo) che li ministri, quando vogliono far prendere qualche deliberatione, nella quale forsi accada intacco di conscienza, procurano palliarli il negotio sotto specie di minor male o altro simile colorato pretesto, come particularmente fu

▲ Guglielmo Lamormaini il confessore gesuita di origine italiane di Ferdinando II (1570-1648)

detto, tentorno in Ratisbona intorno alla traslatione dell'Elettorato et alla riforma della religione nella Boemia, se bene io, che trattai l'uno e l'altro negotio, allhora giudicai che ciò facessero li ministri più per paura e timore che havevano de' nemici, e di non perdere l'amicitia de' neutrali, che per malitia. Ma più delle volte, dove si tratta di conscienza, si rimette Sua Maestà al padre confessore che, per essere di acutissimo ingegno et havere gran scienza e pratica, non si può probabilmente dubitare, che debba essere ingannato.

Li giorni non festivi Sua Maestà dopo le due messe, che già mai non tralascia, dispensa il restante della mattina et anco bene spesso il dopo pranzo in consiglio o vero in caccia, della quale gusta in estremo.

Onde per l'ordinario un giorno suole esser consiglio e l'altro caccia, nella quale più delle volte esce di giorno e non ritorna sino a notte, fuorché il sabato, che torna sempre a hora di vespro, il quale non intermette mai in qualunque vigilia di festa commandata.

Tornato dalla caccia e da' consigli, da audienza o legge memoriali o sottoscrive lettere, privilegi, mandati et ordini. Mangiava in Vienna la mattina nell'anticamera de' camerieri, e la sera nelle stanze dell'imperatrice, ma da cinque anni in qua ha introdotto il mangiare ne' giorni festivi in publico, cioè nella sala de' gentilhuomini, che chiamano "Ritterstuben".

Alle diete d'Ungheria e al convento di Ratisbona costumò mangiare ogni mattina in publico, et all'hora servono li Truchses, o vero gentilhuomini della bocca, li quali non entrano nell'anticamera e servono sempre in campagna. Quando mangia nell'anticamera, servono li camerieri, cioè li dodici, che sono di servitio, et a questi appartiene spogliare e vestire Sua Maestà, darli da bere, trinciare et altri servitii della tavola, senza distintione di carico e grado, toccando ogni settimana a due d'essi il servitio.

La sera servono le dame dell'imperatrice, et ha sempre la musica, ma la mattina non l'usa, se non ne' giorni festivi. Con l'imperatore non soleva mangiare, se non l'imperatrice e li fratelli, quando vi sono; ma da che il figlio primogenito è stato eletto re d'Ungheria, siede anch'egli all'istessa tavola, e la sera alle volte privatamente vi mangia l'arciduca Leopoldo Guglielmo e l'arciduchesse figlie. La mensa è più tosto parca e di cibi ordinarii, che altrimente, sfuggendo Sua Maestà ogni sorte di lusso et ostentatione. Va poche volte l'imperatore per la città, se non con occasione di qualche devotione, costuma andare a cavallo, et avanti lui va il re d'Ungheria, doppo segue l'imperatrice e le figlie femine con l'arciduca Leopoldo in carrozza, dietro di essa vengono le dame pur in carrozza, andando tutta la nobiltà, signori e ministri e titolati di qualsivoglia sorte, pur che non siano prencipi assoluti dell'imperio a piedi intorno al cavallo e carrozza delle loro maestà, che vengono circondate dalla guardia delli trabanti et arcieri; doppo lui vi suoi venire una compagnia di cavallaria et una di fantaria. Il nuntio et ambasciatori de' prencipi non accompagnano Sua Maestà in simili occasioni, ma, finite le funtioni delle chiese o attioni publiche, servono Sua Maestà, sinché si mette a cavallo, e poi si ritirano senza seguitare. Fino che Sua Maestà non è ritornata al palazzo, si tengono

▲ *Trionfo di Ferdinando II. Incisione di Egidius Saedeler*

in Vienna serrate tutte le porte della città, costume introdotto da un disegno, che fu già scoperto havere fatto li luterani, cioè di volere opprimere l'imperatore l'anno 1619, mentre si trovava alla processione del Sacramento, con introdurre dentro della città il conte della Torre. Suole l'imperatore uscire alle volte in carrozza, et allhora non vi va con lui se non l'imperatrice, e non vi essendo essa, il cavallerizzo maggiore. Se vi fusse qualche gran prencipe dell'imperio, andarebbe avanti in carrozza. Gli elettori viddi in Ratisbona andare in carrozza con Sua Maestà; così in Vienna, però in campagna alla caccia, viddi andare in carezza con Sua Maestà la buona memoria del signor cardinale Orsino. L'imperatrice a tavola, in carrozza o in strada va sempre a mano manca dell'imperatore, la quale usanza, fondata sopra la ragione, seguono tutti li baroni e cavalieri del paese, non essendo alcuno, se non italianato, che non si conduca in ogni attione la moglie in luogo inferiore.

FRANS HALS (1581-1666)

Il grande pittore olandese nacque ad Anversa, figlio di genitori fiamminghi. Si sposò due volte, ed ebbe almeno 10 figli. Argomento questo che gli comportò grossi problemi finanziari per tutta la vita. Godeva inoltre fama di donnaiolo e ubriacone. Per far quadrare i conti, univa al lavoro di pittore quello di restauratore e di commerciante. Solo in tarda età la città di Harlem lo aiutò finanziariamente riconoscendoli un piccolo sussidio. Hals è universalmente considerato uno dei più grandi ritrattisti della storia dell'arte. Considerato secondo solo a Rembrandt in patria. Molto interessanti per le complicazioni e le informazioni riguardanti il costume e le uniformi, i numerosi ritratti di gruppo dedicati alle varie corporazioni e milizie municipali di cui anche il nostro pittore faceva parte.

Vero e proprio manifesto pittorico indicante la crescente potenza e forza delle Province Unite, la futura repubblica d'Olanda.

I più importanti dei grandi ritratti di gruppo di guardie civili e milizie sono oggi conservati al Rijksmuseum di Amsterdam e soprattutto al Frans Hals Museo di Harlem.

▲ *Ritratto del filosofo e matematico René Descartes (1596 - 1650). Frans Hals. Museo del Louvre. Descartes fu un insigne filosofo e un valente matematico che diede fondamentali contributi a questi due campi del sapere. È conosciuto anche con il nome Cartesius, modificato in Cartesio. Nel 1649 su invito della regina Cristina di Svezia si trasferì a Stoccolma dove morì nel 1650. A lui è attribuita la celebre frase :"Cogito ergo sum".*

▲ *La compagnia del capitano Reinier Reael, nota con il nome di "Meagre Company" nel 1637 (parti. Frans Hals Riikmuseum*

LA GUERRA DEI TRENT'ANNI IN ITALIA
La prima guerra di Valtellina e la guerra di Genova

IL RUOLO DETERMINANTE DELL'ITALIA

Il ruolo degli italiani nella "*Guerra dei 30 anni*" è sempre stato considerato secondario quando non marginale ma, analizzando con attenzione i fatti dell'epoca, è facile concludere che tale posizione è del tutto erronea e troppo semplicistica. Basti pensare, a tal proposito, che lo stesso inizio del conflitto fu influenzato – in modo alquanto netto – dalla volontà della Serenissima e dei Savoia di indebolire, con ogni mezzo a loro disposizione, la minacciosa potenza degli Asburgo. In buona sostanza, senza l'apporto dell'Italia, cioè dei suoi uomini e delle sue risorse, la guerra – con ogni probabilità – non sarebbe scoppiata o, almeno, non lo sarebbe nella maniera che noi conosciamo e, certamente, non avrebbe potuto proseguire per un periodo così lungo.

Ma vediamo di analizzare in modo puntuale questo primo, importantissimo aspetto.

La defenestrazione a Praga di due consiglieri imperiali cattolici segnò, convenzionalmente, l'inizio del conflitto in parola; tale atto di palese ribellione fu subito seguito dall'offerta della corona di Boemia – a quel tempo elettiva – a vari principi ma, da una parte, nessuno dei "contattati" aveva denaro a sufficienza per sostenersi sul trono e, dall'altra, i protestanti tedeschi, riunitisi intorno alla Lega Evangelica, non erano sufficientemente ricchi per assoldare un esercito. Fu proprio in questo frangente, spesso sottovalutato, che gli italiani iniziarono a rivestire un ruolo di primo piano. Carlo Emanuele I di Savoia, nel corso della guerra monferrina combattuta contro gli spa-

▲ *Carlo Emanuele I di Savoia 1562-1630*

gnoli, si era già avvicinato all'Unione Evangelica in funzione anti-asburgica ed aveva ottenuto da essa l'apporto del famosissimo ed abilissimo generale conte Von Mansfeld. Quest'ultimo ricevette dal Duca i fondi necessari per assoldare, in Germania, un esercito di almeno 4.000 uomini da utilizzare in Italia ma, quando questi portò a termine il proprio compito, le ostilità cessarono ed il medesimo divenne improvvisamente inutile; era il 1618. In considerazione di quanto era avvenuto a Praga e della offerta fatta dai Cechi a Ferdinando V di farsi eleggere re di Boemia, l'Unione Evangelica non perse tempo e propose a Carlo Emanuele un semplice scambio: l'esercito pagato da lui e comandato da Von Mansfeld contro la sua elezione al trono imperiale. Il Duca non di fece pregare ed accettò immediatamente; egli infatti sapeva benissimo che dei sette elettori dell'Impero tre erano cattolici, tre protestanti ed il quarto – l'ago della bilancia – era il re di Boemia. Se Federico V avesse ottenuto il trono, la sua elezione al soglio imperiale sarebbe stata cosa fatta. Ma l'Arciduca Ferdinando d'Asburgo, abile nello sfruttare le divisioni in campo protestante, riuscì ad ottenere la Sacra Corona Imperiale proprio mentre Federico V veniva eletto re di Boemia. L'elezione di quest'ultimo fu subito riconosciuta da Svezia e Danimarca ma, soprattutto, dalla Serenissima il cui apporto era tanto più importante in quanto essa era l'unica potenza a confinare direttamente con gli Asburgo.

Questa prima – e, si vedrà, non ultima - situazione intricata sfociò nella famosa battaglia detta "della montagna bianca" – ove Federico, lasciato solo dai suoi sostenitori, abbandonò il campo senza opporre resistenza mentre ben 4000 protestanti boemi persero la vita in combattimento. Ma per quale ragione le forze che avevano fino ad allora riconosciuto e sostenuto in chiave anti asburgica il neo eletto re di Boemia lo abbandonarono a sé stesso?

L'Olanda era troppo impegnata a combattere contro l'ala spagnola degli Asburgo per poter distaccare forze dal suo teatro di guerra; la Svezia, invece, era stata invischiata in un conflitto tutt'altro che marginale con la Polonia mentre la Danimarca era rimasta neutrale, cedendo alle lusinghe – ma anche alle più o meno velate minacce - dell'abile diplomazia imperiale. In Italia il quadro politico si era improvvisamente complicato: le tensioni stavano crescendo in forma allarmante e tale da rendere gli equilibri esistenti alquanto precari. Il Duca di Savoia, profondamente deluso

▲ *Il Conte Ernest Von Mansfeld 1580-1626*

dalla perdita di una corona imperiale che riteneva ormai acquisita, cominciava a preoccuparsi della sempre più minacciosa presenza spagnola nel Milanese e non se la sentì di distogliere forze dai suoi territori per intervenire.

Dal canto loro i Veneziani erano consci che una loro entrata in campo in difesa del re di Boemia avrebbe avuto pesanti conseguenze nei rapporti da essi intessuti con le tre potenze che premevano ai suoi confini, Spagna, Austria e Stato Pontificio: schierarsi a difesa di un re incapace di difendersi da solo e lasciato isolato da tutti sarebbe stato un grosso azzardo politico e, soprattutto, una "causa persa".

Era così cominciata la "Guerra dei 30 anni".

L'ITALIA TEATRO DI GUERRA

L'Italia, a motivo della sua particolare posizione geografica, si trovò ben presto a divenire un importante teatro di guerra, anzi; fra il 1629 ed il 1630 l'attenzione di tutti i belligeranti si spostò progressivamente ed incisivamente dalla Germania all'Italia settentrionale, con rilevanti spostamenti di truppe che si concentrarono nella pianura padana ed ai suoi margini. Non deve dunque suonare sorprendente se alcuni storici sono giunti ad ipotizzare l'esistenza di un "periodo Italiano" della guerra dei 30 anni, temporalmente incuneato fra quello Danese e quello Svedese.

LA PRIMA GUERRA DI VALTELLINA

Per comprendere appieno la portata e le effettive ragioni che condussero allo scoppio di tale conflitto occorre, in primo luogo, dare evidenza del fatto che dalla Valtellina e dai Grigioni transitava il cosiddetto *"Cammino di Fiandra"* cioè l'unico percorso che consentiva l'inoltro dei rifornimenti asburgici dalla Spagna all'Austria o, per essere più chiari, l'unica arteria che permetteva di portare via terra le truppe, reclutate in massima parte in Spagna e nel regno di Napoli, in Olanda o in Germania.

Una rapida occhiata ad una mappa dell'epoca aiuta a comprendere come le truppe spagnole, una volta arruolate ed equipaggiate, dovevano necessariamente essere instradate sull'itinerario Napoli – Genova o Finale (o Barcellona-Genova-Finale) – Milano – Lago di Como – Valtellina – Lago di Costanza – Renania – Alsazia – Strasburgo – Olanda (o, se dirette in Germania, Lago di Costanza Vienna-Boemia e Germania Centro orientale). L'Austria, infatti, era materialmente separata dalla Lombardia spagnola dalla Serenissima il cui territorio si estendeva dall'Adriatico alla Svizzera attraverso le valli bresciane e bergamasche. L'unica alternativa era rappresentata

▲ *L'arciprete Nicola Rusca, il cui assassinio diede il via all'insurrezione passata alla storia come sacro macello di Valtellina*

dal tragitto che, discendendo l'Adige, conduceva fino a Mantova ma questo, non solo era più lungo, ma anche poco sicuro: il fiume poteva essere facilmente bloccato dai veneziani – perennemente ostili agli Asburgo – e Mantova poteva essere in mani non amiche.

Fu per tali ragioni se l'abile generale spagnolo Pedro Enriquez de Azevedo conte di Fuentes, governatore del Ducato di Milano, fin dagli inizi del XVI secolo si industriò a riorganizzare e fortificare tutto il territorio lombardo, edificando ben 16 tra castelli e forti (nel cui novero rientra quello eretto sul lago di Como che porta il suo nome) a protezione non solo del milanese, ma soprattutto del *"Cammino di Fiandra"* ivi transitante. Successivamente Fuentes, aveva completato il suo disegno impadronendosi del Marchesato di Finale (1602) ed occupando di sorpresa, con le proprie truppe, il feudo ligure di Sospello, ultimo lembo di terra genovese che si interponeva tra Finale e la Lombardia. Ormai l'unico anello debole per gli Asburgo era rappresentato da quella parte di percorso non controllato transitante nel terri-

▲ *Il forte di Fuentes, posto alla fine del lago di Como, era la porta d'accesso controllata dagli spagnoli al milanese*

torio dei Grigioni, e lo scoppio delle ostilità della *"Guerra dei 30 anni"* rese tale zona un elemento di importanza strategica determinante per tutte le potenze europee coinvolte nel conflitto.

Anche in questo caso le ragioni di natura religiosa fornirono un comodo paravento ad altre – ben più rilevanti – di natura politica e contribuirono a rendere estremamente violenti e spietati gli scontri fra le parti che si fronteggiavano.

Gli abili diplomatici della Serenissima erano riusciti a far pendere i favori dei protestanti verso Venezia (e ciò era molto rilevante in quanto nel 1613 era spirato il primo trattato Veneto – Grigioni) facendo leva, strumentalmente, proprio sul sentimento religioso di questi. Dati gli enormi interessi che convergevano nella zona nacquero e vennero fomentate diverse tra sommosse, fughe, esili ed assassini fra cui quello dell'arciprete di Sondrio, Nicola Rusca, scatenò una violentissima reazione da parte cattolica. Furono proprio questi ultimi che, accordatesi segretamente con l'allora governatore di Milano, Duca di Feria, (grazie ai buoni ed interessati uffici dell'arcivescovo Federico Borromeo), ottennero 500 uomini dall'Imperatore e, al contempo, raccolsero 300 fanti italiani nei territori svizzeri. Il piano di azione messo a punto dai rivoltosi si articolava in tre diverse direttrici di azione: la prima consistente in un attacco su Coira condotto dalla Mesolcina, la seconda in un attacco dei Tirolesi dalla valle del Monastero e, la terza, nella vera e propria insurrezione delle città valtellinesi.

Il 19 luglio 1620 il piano presse avvio. Delle tre azioni le prime due andarono a vuoto; il contrattacco del colonnello Grigionese Giovanni Antonio Gojero, oltre il valico del San Bernardino, provocò una cocente sconfitta alle truppe della Mesolcina che si ritirarono e si dispersero mentre le truppe tirolesi, guidate da Rodolfo Planta, rimasero del tutto inoperose. La terza azione ebbe invece esiti sconvolgenti. La mattina dello stesso giorno Simone Venosta, insieme al cavaliere filospagnolo Gian Giacomo Robustelli di Gisotto, si radunarono nel Pretorio di Tirano e, al segnale di alcuni colpi di archibugio ed al suono delle campane, diedero avvio a quello che successivamente lo storico Cesare Cantù avrebbe definito il" Sacro Macello". Tutte le strade furono bloccate e 60 protestanti vennero trucidati, mentre altri si salvarono abiurando pubblicamente. A questo episodio seguì, poche ore dopo, un secondo, in località Teglio, ove vennero arse vive circa 70 persone. Si passò poi, con notevole rapidità alla città di Sondrio ove nelle vie e nelle piazze, fra i giorni 20 e 22 luglio furono uccise oltre 40 persone di confessione protestante.

La rivolta si esaurì in poco tempo ma produsse risultati devastanti: tutti i passi da cui potevano arrivare in Valtellina truppe Grigioni, ivi compresa la zona di Bormio, erano saldamente in mani cattoliche e sul campo erano rimasti circa 350 protestanti. Tale situazione provocò una fortissima reazione; da un lato i Grigioni passarono al contrattacco, riprendendo Chiavenna e Sondrio, dall'altro i cattolici, alquanto intimoriti, domandarono aiuto a tutti i potentati del loro stesso credo religioso. La Spagna non aspettava altro ed immediatamente fece sentire la sua risposta che prese corpo nella persona di don Girolamo Pimentel il quale, a capo di 500 uomini, intervenne in tempi stretti, conquistando d'impeto Riva e costringendo i Grigioni ad abbandonare in tutta fretta Chiavenna, Traona e Sondrio. Re Filippo di Spagna, a seguito di quanto

▲ L'eccidio di Tirano, da una xilografia anonima custodita nella biblioteca cantonale di Coira.

avvenuto, non tardò ad emanare un decreto con cui poneva la Valtellina sotto la sua protezione, ad inviare un contingente di fanteria a presidio di Morbegno, e circa 150 cavalieri a protezione di Tirano. I Grigioni però non accettarono tale situazione e si precipitarono a cercare auto fra i Bernesi e gli Zurighesi i quali non tardarono ad inviare alcuni loro reparti capitanati rispettivamente dai colonnelli Mueller e Steiner.

Era ormai guerra totale. Le truppe in parola irruppero a Bormio, saccheggiandola, devastarono le chiese, massacrarono gli abitanti e si lasciarono andare ad ogni tipo di efferatezza tanto sui vivi che sui morti. Tutto questo doveva rappresentare, nelle intenzioni dei comandanti, soltanto l'inizio di una campagna ben più estesa. L'obiettivo successivo dell'esercito protestante svizzero, forte di circa 7500 unità, era infatti Tirano, ma su di essa stava marciando Pimentel con i suoi 2000 uomini che, in breve, riuscirono a congiungersi alle 6 compagnie valtellinesi di stanza in città. Pimentel, esaminato attentamente il terreno che aveva di fronte ed avuto esaurienti informazioni sull'entità e la composizione delle forze avversarie decise di forzare i tempi dello scontro; ordinò così ai suoi uomini di uscire dalla città e di schierare il tercio su file poco profonde.

I bernesi, troppo sicuri della propria invulnerabilità, alla vista di tale azione non attesero gli zurighesi che li seguivano da lontano ed attaccarono a testa bassa: fu una carneficina!

Numerosi svizzeri caddero sul campo, fra cui lo stesso orgoglioso ma improvvido Mueller, mentre una parte esigua delle truppe voltò le spalle, cercando la salvezza tra le fila degli accorrenti zurighesi. Gli effetti congiunti della rivoluzione militare e del fanatismo religioso erano evidenti in quanto era avvenuto sul campo. La forza bruta del quadrato svizzero era stata letteralmente dissolta; i tiratori avevano avuto il sopravvento e, con essi, la conseguenza estrema ma naturale del loro impiego: nessun prigioniero, nessuno

▲ *Ritratto del cavaliere Giacomo Robustelli dell'ordine di San Maurizio e Lazzaro, meglio noto come "il macellatore"*

scampo: soltanto l'uccisione dell'avversario. A questo punto Pimentel giocò d'astuzia: finse di attendere a piè fermo le schiere degli zurighesi che stavano avanzando, schiumanti di rabbia, a marce forzate verso di lui ma nel momento in cui gli svizzeri cominciarono a disporre gli uomini, decise di ritirare le proprie truppe fra le mura della città, provvedendo, al contempo, ad inviare diversi "sobillatori" fra i contadini delle zone limitrofe con il compito di organizzare delle bande di irregolari capaci di tagliare – o almeno ostacolare - la eventuale ritirata agli svizzeri. Dopo alcune ore di assedio (non più di sette) gli zurighesi, stanchi, demoralizzati ed ormai privi di munizioni, cominciarono a ritirarsi, lasciando a terra circa 700 caduti.

Ma il peggio, per loro, doveva ancora venire: la impietosa e spietata strategia del comandante spagnolo stava per dare i suo devastanti frutti. Il ripiegamento delle truppe svizzere si trasformò ben presto in un vero e proprio calvario: gli uomini furono assaliti da ogni dove ed in buona parte uccisi dai contadini; solo pochi fortunati riuscirono, pieni di terrore, a portarsi in salvo fuori dalla Valtellina. Anche questa particolare azione, così estranea ai tempi passati, rivela i tratti salienti dell'evoluzione in corso nei metodi militari e nella società tutta. La guerra era ormai ovunque, senza soluzione di continuità: qualsiasi zona del territorio e qualunque strato della società civile ne era permeato e coinvolto. Non ci poteva essere scampo per i vinti.

La situazione venutasi a creare destava crescenti preoccupazioni nelle corti delle potenze europee, poco sensibili ai risvolti religiosi degli avvenimenti ma molto interessate a quelli politici e strategici: l'accresciuta presenza spagnola nella zona, con i suoi effetti sul controllo del "*Cammino di Fiandra*" e la ormai conseguita saldatura dei territori Asburgici era di fatto una situazione profondamente destabilizzante e così il conflitto, invece di ridursi, esplose in maniera ancor più virulenta. Nel corso del 1621 ci fu tutto un susseguirsi di accordi – più o meno segreti -, trattati e convenzioni che generarono un vero e proprio vespaio diplomatico, con epicentro a Madrid.

Fu così che, ad un certo punto, stanchi della situazione e delle decisioni costantemente prese sopra le loro teste i fieri grigionesi ricorsero nuovamente alle armi, piombando su Bormio con un esercito di 6000 uomini, impadronendosi della città mentre la relativamente scarna guarnigione spagnola riusciva a stento a chiudersi nella cittadella fortificata in attesa di aiuti.

▲ *Battaglia tra le forze imperiali e le truppe dei ribelli protestanti a Prättigau presso Coira il 14 aprile 1622.*

La Spagna non tardò ad intervenire: Feria partì quasi subito da Milano con un grosso contingente mentre un corpo di milizie austriache – comandate da Baldirone – scendeva dalle montagne per circondare gli attaccanti. Era la prima, chiara manifestazione degli effetti di quell'azione a tenaglia esercitata dalle forze asburgiche che Parigi, Torino e Venezia temevano ed osteggiavano da diverso tempo.

Bormio venne ripresa senza quasi combattere e tutti i componenti dell'esercito protestante vennero massacrati in brevissimo tempo; Baldirone, trovandosi a capo di una forza d'urto di oltre 10.000 unità, non si lasciò sfuggire l'occasione e proseguì nel suo cammino impadronendosi di tutti i vecchi territori austriaci delle "Dieci Diritture", piazzando 700 militari a Coira e un numero elevatissimo di guarnigioni in tutto il territorio mentre Feria, completamente indisturbato, fece ingresso a Chiavenna. Come di consueto, agli strappi portati dalle operazioni militari, seguivano le azioni della politica e della diplomazia; volte a consolidare o erodere i risultati ottenuti sul campo. I protestanti dei Grigioni offrirono in breve tempo alle forze antispagnole la possibilità di intervenire. Esasperati da una politica religiosa estremamente intransigente, questi ancora una volta insorsero violentemente il 24 aprile 1622 cacciando tutte le guarnigioni imperiali ed assediando Coira che, nonostante fosse forte di oltre 200 uomini, fu in breve costretta alla resa. Come reazione di tale "affronto" all'ordine ricostituito, migliaia di soldati austriaci calarono sui territori appena persi e li devastarono come mai era successo in precedenza, bruciando tutto quello che trovavano, saccheggiando e distruggendo ogni cosa si frapponesse al loro cammino e ripristinando in breve il dominio imperiale. Questa azione violenta, accompagnata dalla crescente ampiezza delle forze asburgiche coinvolte vicine all'Italia, fornì il collante necessario alla nascita della cosiddetta Lega di Parigi fra Francia, Savoia e Venezia. Secondo gli accordi Luigi XII avrebbe messo in campo dai 15.000 ai 18.000 fanti, Venezia dai 10.000 ai 12.000 e Carlo Emanuele 8.000 mentre ognuno dei collegati avrebbe fornito 2000 cavalieri. La situazione si fece molto pesante allorché Richelieu in persona comunicò le intenzioni della Lega a Madrid: la Valtellina doveva essere liberata e lasciata indipendente oppure sarebbe stata la guerra.

Per evitare lo scoppio di un nuovo conflitto, dall'esito molto incerto, fu così adottata una soluzione ponte: il Papa avrebbe avuto "in deposito", per unanime richiesta dei contendenti, tutti i forti della Valtellina. Ma ormai l'instabilità aveva superato i livelli di guardia: la posta in gioco era troppo alta e poco aveva a che spartire con la maggiore o minore libertà religiosa lasciata agli abitanti del luogo. La Lega di Parigi continuava ad armarsi e ad ampliarsi con la partecipazione di Inghilterra, Olanda, Danimarca ed alcuni principati protestanti, tutti consci del fatto che l'interruzione del "Cammino di Fiandra" era talmente importante per l'andamento della guerra in Germania da poterlo addirittura fissare quale obiettivo primario; la Spagna, dal canto suo era ben conscia di questo e stava correndo ai ripari.

Si giunse così all'autunno del 1623 allorché truppe francesi, condotte dal marchese de Coeuvres, calarono in Valtellina. Le guarnigioni pontificie non offrirono alcuna resistenza e tutta la valle cadde prima che rinforzi austriaci o spagnoli potessero arrivare (la conquista fu talmente facile al punto da far sospettare Madrid e Vienna della presenza di un tacito accordo fra Roma e Parigi). La valle subì un ulteriore saccheggio e la religione cattolica fu oppressa; Feria, persa Chiavenna, fece trincerare a Riva una guarnigione italo spagnola e chiese all'Imperatore di inviargli in aiuto il famosissimo Generale Pappenheim. Una volta giunto, questi diede ancora una volta prova delle sue indubbie qualità tattiche respingendo diversi attacchi delle truppe franco svizzere sui monti circostanti Riva, riuscendo anche ad impadronirsi dell'importante centro strategico di Traona. Poiché gli attacchi da terra non avevano dato alcun risultato, i francesi provarono allora a sfondare via lago ma trovarono Feria – coadiuvato dalla Repubblica di Genova e dai cannoni del forte di Fuentes – ben preparato ad accoglierli, finendo così con l'essere di nuovo brutalmente respinti. La Francia intanto cominciava a sentire il peso di un'operazione condotta lontano dalle proprie basi e preparata in modo forse un po' affrettato: mentre gli spagnoli riuscivano con facilità a rimpiazzare gli uomini perduti, i ranghi di Parigi si assottigliavano a vista d'occhio complice anche la comparsa di gravi malattie che falcidiavano entrambi gli schieramenti. L'azione dal lato di Como era così giunta ad una situazione di stallo e diventava necessario, per i francesi, aprire un nuovo fronte, spostando il baricentro della pressione militare sull'asse Torino – Milano: era il 1625 e stava per scoppiare la guerra per Genova.

▲ *Nel 1633, l'armata spagnola al comando di Don Gómez Suárez de Figueroa, Duca di Feria e governatore di Milano assediò la città svizzera di Rheinfelden, per liberare il cammino di Fiandra. Dipinto di Vincenzo Carducci. Museo del Prado.*

▲ *Capitano di fanteria e tamburino di truppe imperiali. Tavola del Frolich.*

LA GUERRA DI GENOVA

IL PIANO FRANCO-PIEMONTESE

La situazione di stallo venutasi a creare lungo le sponde del lago di Como indusse l'esercito francese a rivedere la propria strategia di attacco alle potenze asburgiche: era venuto il momento di recidere alla base il *cammino di Fiandra*" procedendo alla sottomissione di Genova. La Superba, a quell'epoca, era il porto principale da cui provenivano tutti i rinforzi destinati alla piazza di Milano e rappresentava, inoltre, la più ricca e fiorente tesoreria di cui la Spagna potesse disporre. La presa di Genova, pertanto, sarebbe stato un duro colpo per Madrid che non solo si sarebbe trovata nella pratica impossibilità di sostenere il proprio impegno militare a Riva, ma avrebbe anche finito con il perdere il Ducato di Milano.

Ancora una volta, dunque, il teatro di guerra italiano, da sempre considerato secondario e di esclusivo rilievo locale, assurgeva al ruolo di vero e proprio protagonista strategico in quanto era proprio dall'esito degli scontri che in esso avevano luogo che sarebbe potuto cambiare drasticamente il corso dei combattimenti in Germania.

I piani per l'attacco a Genova vennero studiati ed elaborati a Susa nel settembre del 1623 congiuntamente da strateghi dell'esercito francese e piemontese. I Savoia caldeggiavano in modo particolare l'operazione in parola a motivo di antiche e mai sopite pretese da questi avanzate su parte del territorio genovese (I Savoia non erano infatti riusciti ad acquisire il marchesato di Zuccarello che, chiudendo la vallata del Neva, dominava la strada da Garessio ad Albenga e bloccava di fatto l'espansione sabauda); i francesi, dal canto loro, pur nutrendo ambizioni di ben più ampia portata, furono ben lieti di accordarsi nel disegnare un piano che avrebbe sostanzialmente portato alla spartizione della Repubblica di Genova: il Levante al Re ed il ponente al Duca di Savoia. Genova sarebbe rimasta provvisoriamente assoggettata ad una sorta di condominio fra le due parti fino a quando non fosse stata decisa la sorte della Corsica; solo allora la città sarebbe stata definitivamente ceduta a chi, fra le due potenze, non avesse avuto l'isola.

Tale progetto, studiato fin nei minimi particolari, non era però gradito a Venezia che vedeva in esso non tanto un piano di azione in funzione antiasburgica, quanto una vera e propria guerra di conquista che avrebbe portato alla rottura dei

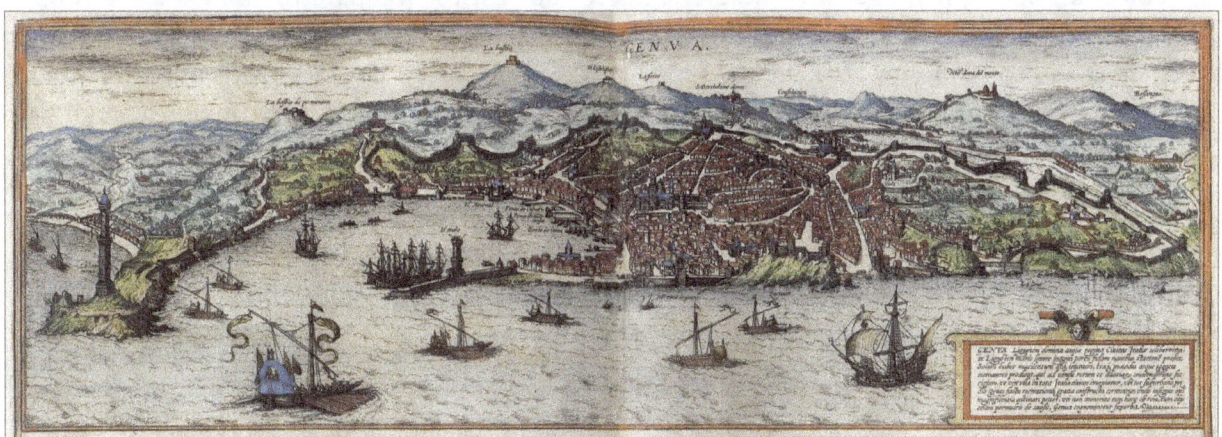

▲ *Antica mappa di Genova risalente ai primi anni del XVII secolo*

▲ *L'Italia nel XVII secolo.*

già fragili e precari equilibri economico-politici nella penisola. Fu proprio questa diffidenza e non celata avversione della Serenissima a convincere francesi e piemontesi a procedere senza indugi nelle operazioni: Richelieu in persona diede ordine ad un esercito composto di 14.000 fanti e 1.500 cavalieri al comando del Connestabile di Lesdiguières e del Maresciallo di Crequì di muovere alla volta del Piemonte - lasciando intendere che la destinazione ultima di tali uomini fosse il Ducato di Milano - e provvide a far levare le ancore a tutta la flotta francese nel Mediterraneo. Oltre a ciò, l'attivissimo Cardinale inviò un proprio ambasciatore in Olanda con la richiesta di 20 vascelli da inviare entro il gennaio 1625 a Nizza per impiegarli in battaglia contro la Spagna. Dal canto suo il Duca di Savoia attrezzò in tempi relativamente brevi un esercito composto di circa 14.000 fanti e 2.500 cavalieri che sareb-

bero stati comandati direttamente da lui e dal Principe Tommaso. Questi intensi movimenti di truppe non passarono inosservati: il governatore di Milano non tardò ad approntare le difese del proprio Ducato, inviando a Tortona Pimentel con circa 4.000 uomini mentre la repubblica di Genova si preoccupava di aumentare le proprie difese a Savona, Ventimiglia, Albenga e Porto Maurizio. La situazione si stava facendo incandescente ma nulla lasciava presagire quanto, da lì a poco, sarebbe accaduto. Nel mese di febbraio dell'anno 1625, le truppe franco-piemontesi, ottenuto dal Duca di Mantova il nulla osta al loro passaggio attraverso il Monferrato, calarono repentinamente e senza alcun preavviso sulla riviera ligure. Secondo i piani prestabiliti, le truppe francesi avrebbero dovuto puntare su Savona allo scopo di assicurarsi un porto sicuro ove fare approdare le truppe ed i rifornimenti provenienti dalla Provenza ed affrontare così, con un attacco lungo le vie costiere l'assalto alla Superba.

Ma Carlo Emanuele non era di questo avviso: egli era a conoscenza del fatto che il Senato genovese aveva per tempo provveduto a guarnire per bene non solo Savona, ma anche Albenga, Porto Maurizio e Ventimiglia. Qualsiasi azione effettuata secondo quanto convenuto a Susa avrebbe avuto il risultato di vanificare il vantaggio di cui si era in possesso infrangendo l'attacco contro bastioni ben difesi e pronti a sostenere lo scontro.

Ma vi era un fattore ancor più importante da non trascurare: Genova la Superba, la capitale della Repubblica, il fulcro del potere politico ed economico di tutto lo Stato era, di fatto, completamente sguarnita di truppe per la sua difesa.

Il duca di Savoia, convinse allora i riluttanti francesi a trascurare l'originario piano d'azione e ad indirizzare tutte le truppe su Genova, facendo leva sul fatto che le indubbie difficoltà che si sarebbero dovute affrontare su un terreno alquanto ostico e tortuoso avrebbero potuto essere superate con successo grazie all'ancora decisivo vantaggio dato loro dal duplice effetto sorpresa (l'attacco senza dichiarazione di guerra da un lato e l'incursione da luoghi ritenuti teoricamente inespugnabili dall'altro).

La nuova linea strategica concepita da Carlo Emanuele prevedeva la formazione di due colonne d'attacco: una, composta dai piemontesi, avrebbe puntato su Rossiglione e, superata la ben nota strettoia, sarebbe poi discesa su Voltri; l'al-

▲ *Il soccorso di Genova. Opera di Antonio de Pereda Prado Madrid*

tra, costituita dalle forze francesi, avrebbe proceduto dalla Bocchetta per Gavi e la Val Polcevra e, da lì, sarebbe quindi calata con la forza di un fiume straripante su Sampierdarena.

Chi conosce anche solo approssimativamente quelle zone può rendersi conto di quanto ambiziosa ed ardita fosse quella decisione! Affrontare una campagna invernale su quei terreni significava esporre le proprie milizie al rischio di una spaventosa disfatta. Ma il Duca non era certo uno sprovveduto: era infatti consapevole che un'azione veloce e risoluta condotta con il vantaggio del fattore *"tempo"* avrebbe permesso di superare qualsiasi svantaggio di tipo *"posizionale"*.

Questi non ebbe alcun indugio: puntò decisamente e con estremo vigore su Ovada, occupandola dopo alcuni brevi ma cruenti scontri. I genovesi, vista la situazione, girarono le spalle al nemico fuggendo in disordine verso la capitale. Carlo Emanuele li incalzò, attaccando a testa bassa le postazioni nemiche sistemate a difesa della strettoia di Rossiglione; anche in questo caso lo scontro fu breve ma violentissimo e le truppe genovesi si dissolsero ben presto sotto l'urto della fanteria piemontese. La strada per Genova era aperta: rimaneva solo Masone, con due compagnie di fanti, a frapporsi fra l'esercito del Duca e la Superba. Carlo Emanuele, conscio dell'importanza di imprimere il massimo della velocità alla sua azione, non si preoccupò minimamente di quel centro e lasciò che i difensori si asserragliassero al suo interno per poi lasciarsi lo stesso sul proprio fianco e proseguire audacemente verso la costa ligure.

Senza ombra di dubbio l'azione effettuata fu estremamente brillante, ardita e militarmente esaltante: il Duca era riuscito a sfondare in tempi brevissimi su di un fronte caratterizzato da un terreno impervio e reso quasi impraticabile dalle avverse condizioni climatiche, muovendo costantemente da posizioni di svantaggio.

A Genova, intanto, il Senato aveva richiamato il maggior numero possibile di soldati, affidato il comando dell'esercito a Giangerolamo Doria e chiesto aiuto alla Spagna. Nel clima di nervosismo e paura che serpeggiava non solo nei palazzi del potere, la notizia dell'azione di Carlo Emanuele ebbe un effetto dirompente. Fu immediatamente dato ordine di evacuare Savona e tutte le altre posizioni intorno a Genova allo scopo di concentrare il maggior numero di truppe in città per l'estrema difesa. Ma Doria si oppose strenuamente a tale piano, a dir poco scellerato. Egli, infatti, sapeva bene che nella guerra in corso la vittoria finale sarebbe dipesa dalle artiglierie e queste non sarebbero potute transitare dalla stretta strada di Rossiglione - già in mani nemiche - bensì solo da Gavi; si doveva pertanto rafforzare, e non indebolire tale fondamentale piazza, resistendo se necessario fino all'ultimo uomo. Il Senato, di fronte a tali argomentazioni, riprese fiducia, rimandando a Savona il presidio che aveva appena richiamato. Oltre a ciò in città si ebbe la gradita sorpresa di assistere all'arrivo di 2.000 fanti e 200 cavalieri, agli ordini di Ludovico Guasco, inviati in aiuto dal Ducato di Milano.

I francesi, nel frattempo, erano bloccati alle porte di Gavi: la fortezza non dava segni evidenti di cedimento e l'azione delle truppe di invasione sembrava giunta ad un sostanziale stallo. Fu a questo punto che Carlo Emanuele decise di rompere gli indugi e di spostare tutte le proprie milizie verso Voltaggio allo scopo di chiudere l'accerchiamento di Gavi e tagliare le vie di comunicazione fra questa e Genova. Giunto a Carosio con la fanteria, il Duca si fermò per attendere i pezzi di artiglieria - indispensabili per dare la spallata finale a quello che ormai rappresenta l'ultimo vero ostacolo all'avanzata franco piemontese su Genova – e, al fine di saggiare la consistenza degli schieramenti genovesi nella zona, diede ordine alle avanguardie di muoversi all'indirizzo di Gavi. A questo punto gli eventi presero una piega del tutto imprevista; i piemon-

▲ *Assalto al castello. Anonimo XVII secolo*

tesi entrarono in contatto con le truppe nemiche di stanza a Voltaggio il cui numero era di molto superiore alle attese – circa 5.000 fanti al comando del signore di Sant'Anna - incontrando una tenace resistenza e subendo un elevato numero di perdite. In conseguenza di ciò Carlo Emanuele diede senza esitazione l'ordine di attaccare frontalmente, disponendo il grosso delle sue schiere lungo un fronte molto largo e poco profondo con il fine di mettere in atto una tattica avvolgente. Dal canto suo il comandante genovese, forte dei risultati ottenuti nelle prime scaramucce, fece altrettanto lanciando tutti i suoi uomini verso l'esercito piemontese. Ne nacque uno scontro violentissimo e molto sanguinoso; per molto tempo la situazione si mantenne alquanto equilibrata con nessuno dei due eserciti in grado di prevalere sull'altro poi, come spesso è accaduto in analoghe situazioni, i genovesi cedettero di schianto, rompendo i ranghi in pochi minuti e dandosi disordinatamente alla fuga. Fu una vittoria importantissima che schiudeva al Duca la

via per Gavi e, successivamente, per Genova. La notizia di quanto era successo a Voltaggio giunse ben presto al Senato della Superba che, sentito il parere del Duca di Feria, diede ordine alle truppe accampate alle porte di Gavi – circa 3.000 uomini – di muovere immediatamente verso Serravalle e quindi procedere verso la capitale. Ma il panico ormai si era impadronito dei soldati ed il solo fatto di trovarsi di fronte a strade rese impraticabili dal maltempo, associato al terrore di vedersi assalire improvvisamente da Carlo Emanuele, convinse questi uomini ad arrendersi in massa ai Piemontesi che, quasi, rimasero increduli della situazione. Ormai solo il castello di Gavi restava ad opporsi all'avanzata franco-sabauda. Le truppe asserragliate all'interno della fortezza avevano fino a quel momento resistito eroicamente agli attacchi francesi, respingendo per ben due volte le intimazioni di resa avanzate da questi, ma ormai le artiglierie di cui gli assedianti disponevano erano soverchianti e, ben presto, ebbero ragione di mura fino ad allora ritenute inespugnabili. In pochi giorni anche Gavi si arrese e la vittoria sulla repubblica di Genova era ormai a portata di mano ma, proprio in quel frangente, accadde un fatto alquanto grave e del tutto imprevedibile. Lesdiguières, comandante delle truppe francesi, si rifiutò di muovere i propri uomini se prima non avesse ricevuto viveri e munizioni per almeno tre mesi. Chiaramente le ragioni alla base di questa sconcertante condotta erano ben altre e trovavano origine in fattori di natura politica nonché in malcelate gelosie personali, ma gli effetti furono comunque estremamente pesanti: la fine della guerra si allontanava, i tempi si allungavano e, quel che è peggio, i piemontesi erano, di fatto, rimasti soli a sostenere l'impegno della campagna. Di tutto ciò Carlo Emanuele era perfettamente conscio e la cosa lo preoccupava molto: da brillante uomo d'armi qual'era, sapeva che in guerra il terreno perso può essere riconquistato ma il tempo no!

Stizzito per il fatto di vedersi malamente e stupidamente vanificati gli innumerevoli sforzi fino

▲ *Esercito spagnolo in campagna. Quadro quadro del prado mostra molto bene la tenuta dei soldati spagnoli del tempo.*

ad allora compiuti, il Duca decise di non fermare l'azione dei suoi soldati e diede ordine al principe Vittorio Amedeo di partire alla conquista della Riviera di ponente che peraltro, secondo gli accodi di Susa, sarebbe comunque spettata al Piemonte. Mentre il Principe procedeva di vittoria in vittoria conquistando tutto il ponente – con la sola eccezione di Triora – e catturando lo stesso Gerolamo Doria, Carlo Emanuele, deciso a continuare nella conquista di Genova, si impegnò nell'opera di ammassare truppe, viveri e soprattutto artiglierie a Gavi.

IL RISCATTO SPAGNOLO

Ma quello che il Duca paventava ben presto venne a realizzarsi. Nel porto di Genova arrivarono galeoni carichi delle rimesse extra feudali dei patrizi – circa 7 milioni di ducati – che permisero agli stessi di pagare le truppe.

Oltre a ciò le reclute dell'esercito ligure riuscivano con sempre maggiore facilità a passare le linee piemontesi ed a presentarsi ai reparti, portando il numero degli effettivi presenti in città a ben oltre 15.000 uomini.

Da ultimo la flotta francese, che da tempo pareva minacciare le coste della Corsica e che era ormai in procinto di congiungersi con quella olandese ed inglese, fu in breve neutralizzata.

Questo scenario, già di per sé alquanto preoccupante, fu reso ancor più marcatamente avverso dal repentino deteriorarsi della situazione a terra. I contadini cominciarono, con crescente veemenza ed audacia, ad organizzare operazioni di guerriglia su scala sempre più ampia fino a privare le truppe fanco-piemontesi di tutti i convogli viveri. La scarsità di cibo fu ben presto causa della comparsa di gravi malattie nelle file dell'esercito e contribuì a dare inizio ai primi fenomeni diserzione che, in breve, raggiunsero un'ampiezza preoccupante e tale da minare alla base il morale e la disciplina fino ad allora alquanto alte.

Ma a rendere non più sostenibile qualsiasi velleità di attacco fu la notizia che i combattimenti intorno a Riva erano terminati e che il Duca di Feria, radunate le sue truppe ivi impegnate – 20.000 fanti ed oltre 2.000 cavalieri – stava puntando con decisione verso il fronte genovese in aiuto della Superba. Carlo Emanuele comprese subito che, ormai, il fronte si era inesorabilmente rovesciato e che da attaccante doveva, senza indugio alcuno, trasformarsi in difensore se non voleva perdere tutti i propri territori. Non c'erano alternative: occorreva ritirarsi ed anche in grande fretta. I genovesi, visti i movimenti, incalzarono l'esercito sabaudo che in pochi giorni, abbandonò completamente Voltaggio, Gavi – dove addirittura lasciò al nemico 19 pezzi di artiglieria – e Novi. Feria intanto, giunto a Padova, ingrossò le fila del proprio esercito, potendo disporre di oltre 22.000 fanti e 5.000 cavalieri e, forte di tale schieramento, puntò con decisione su Acqui, conquistandola con facilità estrema.

Al contempo, confidando sull'impegno spagnolo nel teatro monferrino ed appenninico, le truppe della Repubblica di Genova si poterono dedicare completamente alla riconquista delle perdute terre del Ponente, cosa che avvenne in tempi rapidi grazie allo sbarco di un contingente di 8.000 uomini ad Albenga. Anche in questo caso l'avanzata delle truppe della Superba fu favorito dalla inarrestabile e repentina ritirata dell'esercito piemontese e così, una dopo l'altra, vennero liberate Porto Maurizio, Oneglia, San Remo e Ventimiglia. Sullo slancio di questa operazione le truppe liguri si spinsero verso nord ed ovest conquistando, quasi senza combattere, la Contea del Maro, Ormea, Garessio e Bagnasco, giungendo fino a minacciare Ceva.

Il Piemonte sembrava ormai destinato a dissolversi sotto l'incalzare di questo attacco congiunto: le truppe erano demotivate e stanche, le diserzioni raggiunsero livelli insostenibili, l'indisciplina regnava sovrana ed era tale da rendere quasi impossibile disporre gli uomini con un minimo di ordine: era una disfatta.

Ma come poco tempo prima era accaduto per Genova, anche in questo caso la irrazionalità umana giocò un ruolo decisivo sul corso degli eventi.

Gli spagnoli, a differenza dei Genovesi, non volevano condurre un'azione di conquista e non erano spinti da un più che comprensibile desiderio di rivalsa: essi volevano solo infliggere una pesante lezione ai piemontesi, devastandone il territorio senza però sottrarre nulla al loro dominio.

VERRUA E IL RITORNO DI CARLO EMANUELE

Fu proprio per questo che Feria fermò la propria incontenibile – e, viste le condizioni, inarrestabile – avanzata alle porte di Verrua, cingendola d'assedio: egli voleva semplicemente dotarsi di una base logistica da cui far partire le proprie scorrerie e quel luogo, che separava l'Astigiano dal Vercellese, rappresentava il punto ideale. Carlo Emanuele, dal canto suo, era ormai alle strette; quella era l'ultima fortezza che separava il nemico da Torino e la sua conquista avrebbe significato, per lui, la fine del regno.

Richelieu venne immediatamente informato della situazione e, preoccupato della piega che stavano prendendo gli eventi, ordinò al riluttante Lasdiguières di sostenere lo sforzo sabaudo con i 5.000 uomini di cui ancora disponeva. Se Torino fosse caduta i delicati equilibri politico strategici dell'intera Europa sarebbero saltati, a tutto vantaggio della parte asburgica. Verrua non doveva cadere per nessuna ragione!

Feria, dimostrandosi poco lungimirante, non comprese subito l'importanza militare e politica dell'azione che stava compiendo e, per diverse settimane, non fece altro che sprecare il proprio tempo u una sterile guerra di posizione e logoramento contro forze che potevano contare su di un numero di effettivi alquanto scarso.

▲ *Ritratto del generale francese de Lesdiguières.*

Soltanto a partire dal mese di settembre le azioni cominciarono a divenire più pesanti ma ormai l'esercito franco piemontese aveva potuto passare da 8.000 uomini a ben oltre 12.000 fanti e 1.200 cavalieri. La battaglia si fece allora sempre più cruenta: Verrua veniva costantemente bersagliata dall'artiglieria, le incursioni della fanteria spagnola, ma anche tedesca, modenese, napoletana, genovese e parmense erano ormai ininterrotte e tale da rendere la fine dell'assedio ormai prossima. Carlo Emanuele approntò un corpo di soccorso per sostenere la difesa della cittadina in attesa dei promessi ulteriori aiuti da parte francese; Feria lo venne a sapere e, stanco di un'operazione "punitiva" che si stava rivelando più faticosa e dispendiosa di quanto preventivato, predispose la ritirata. Nel mese di novembre del 1625, mentre le truppe piemontesi riuscirono ad entrare a Verrua, le artiglierie spagnole lasciarono il campo coperte da alcuni contingenti di fanteria.

▲ *La fortezza di Verrua.*

Feria, nel frattempo, si era ammalato da alcuni giorni ed era tornato a Milano, lasciando il comando delle operazioni a don Gonsalvo di Cordova. La notizia di questi avvenimenti diede animo ai franchi piemontesi che, all'alba del 17 novembre, lanciarono un attacco generale ai propri nemici. Fu uno scontro di una violenza indescrivibile; i corpi dei caduti si ammassavano a centinaia sul campo di battaglia giungendo quasi ad impedire i movimenti delle truppe sopravanzanti; i soldati, in alcuni punti, sprofondavano fino alle caviglie in un terreno reso fangoso non dall'acqua, bensì da sangue che scorreva letteralmente a rivoli. La battaglia durò fino a notte inoltrata allorquando, approfittando delle tenebre, i superstiti dell'esercito spagnolo si ritirarono in tutta fretta dalle loro posizioni.

Carlo Emanuele aveva vinto! Per la seconda volta in dieci anni era riuscito a sconfiggere le truppe spagnole, ma lo scenario che rimaneva dopo lo scontro era a dir poco agghiacciante: Verrua era ridotta ad un cumulo di macerie fumanti dopo aver ricevuto, in poco più di tre mesi, oltre 10.000 colpi di artiglieria; gli spagnoli ed i loro alleati, forti di 28.000 uomini all'inizio dell'assedio, rientrarono alle proprie guarnigioni di partenza con poco più di 5.200 unità; l'esercito vincitore aveva lasciato sul campo qualche cosa come 8.700 caduti. L'esito dello scontro convinse le grandi potenze europee coinvolte a procedere con la massima urgenza verso una soluzione negoziata del conflitto, soluzione che giunse il 6 marzo 1626 e che, come accadeva spesso, lasciò tutti insoddisfatti. L'Italia era ancora una polveriera pronta ad esplodere con effetti dirompenti su tutta l'Europa e nel dicembre 1627 le polveri presero fuoco: il duca Vincenzo Gonzaga, signore di Mantova e del Monferrato, venne a mancare aprendo, di fatto, una furibonda lotta per la successione al suo trono. Mantova, in virtù della sua particolare posizione, fu ben presto al centro dell'attenzione generale ed i fatti che accaddero nei due anni a seguire avrebbero non solo riconfermato l'importanza rivestita dal nostro Paese nella guerra dei 30 anni – prova ne è che in questa occasione, per la prima volta nella sua già lunga carriera, il cardinale Richelieu decise di uscire dai confini nazionali per seguire in prima persona lo svolgimento delle operazioni in corso – ma anche modificato lo stesso coso della storia militare e politica di tutto il continente europeo per molti anni a venire.

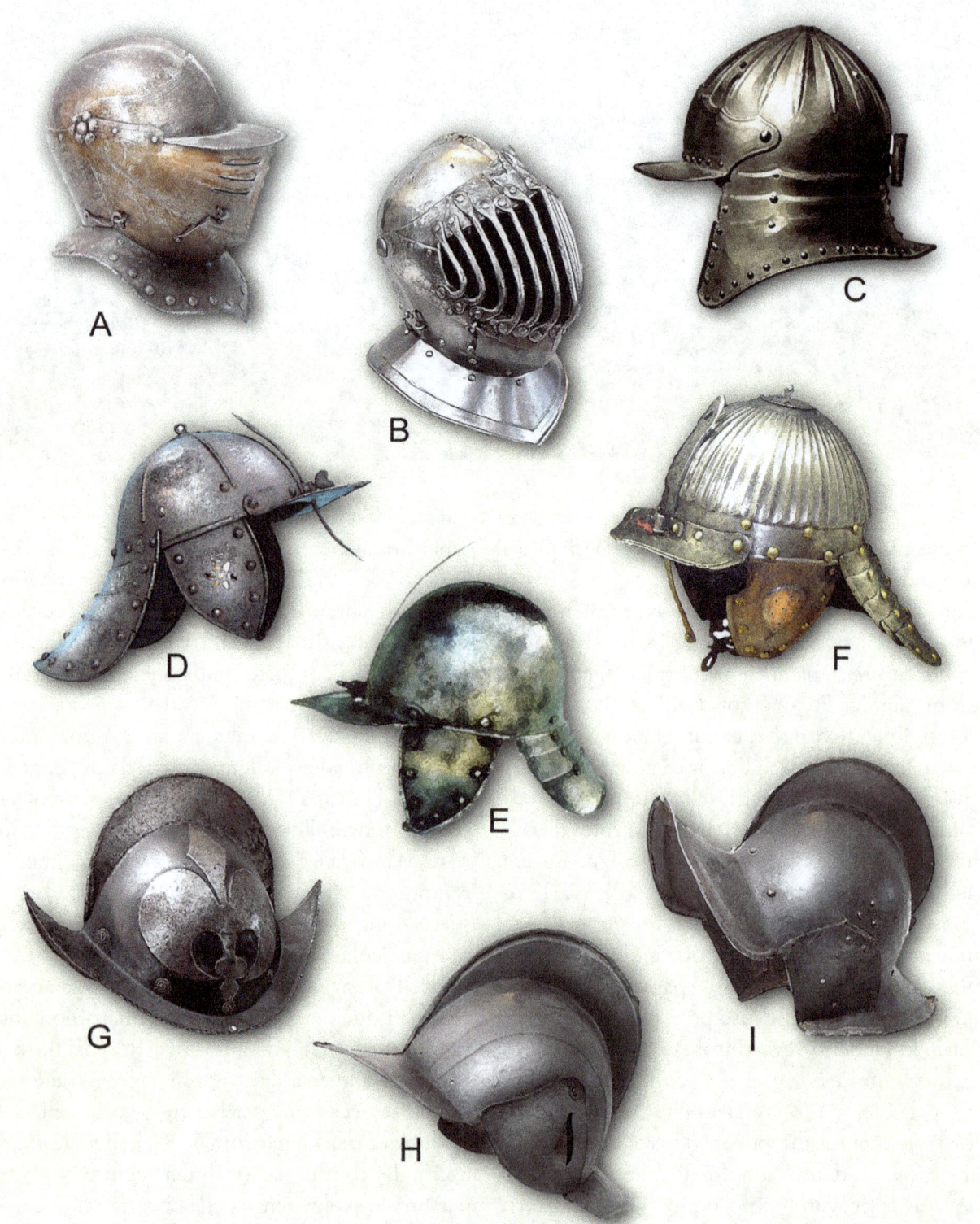

▲ *Elmetti e copricapo di ferro: A Elmetto d'acciaio chiuso da corazziere 1620. B Elmetto da cavaliere con grata. Germania 1626. C Elmo di Wladislao IV di Polonia. D,E,F Elmetti da cavalleria con para orecchie. G Morione imperiale da fanteria 1630 H,I Elmetti da fanteria 1620-1630. Tavola di Luca Cristini (dalla collezione Fricker)*

LA STRANA GUERRA DEGLI USCOCCHI 1615-1617

La difesa della frontiera austro-turca era in parte assegnata a popolazioni rifugiate dei Balcani, che avevano trovato asilo nei territori asburgici di Carniola e Dalmazia.

L'imperatore in cambio di questi servizi militari offrì loro anche sussidi e privilegi vari.

Essi erano chiamati *uscocchi* (parola serba per "rifugiati"). Alcuni di loro si insediarono nei piccoli porti della costa orientale e conservavano la zona libera dalle navi turche, ma spesso finirono con l'operare scorrerie anche ai danni del naviglio veneto. In sostanza nessuna nave era al sicuro dai loro attacchi pirateschi.

La Repubblica di Venezia prima protestò diplomaticamente, ma invano, poi tentò prima di difendere le proprie navi con flotte più consistenti, alla fine decise di dare inizio alle ostilità e nel dicembre del 1615 le sue truppe assediarono il Friuli orientale. Il duca di Savoia si offre come alleato in questa guerra, sostanzialmente contro l'Austria che è la vera protettrice degli *uscocchi*, ma Venezia rifiuta. La Repubblica Olandese farà lo stesso, in questo caso con il beneplacito della Serenissima. Iniziarono quindi ad arrivare i primi aiuti olandesi; più tardi giunsero anche contingenti di volontari inglesi. Gli anglo olandesi aiutarono Venezia anche con le loro flotte, che presidiarono l'alto adriatico in chiave anti spagnola. L'imperatore era a questo punto isolato, non potendo neanche contare sull'aiuto di Milano, impegnata nella guerra di Mantova.

La guerra rimase quindi una questione isolata e relegata al Friuli e alla attuale Slovenia. Il 24 novembre 1615 si ha una prima battaglia a Zaule in cui i veneziani vengono colti di sorpresa dai nemici slavo-imperiali e lasciano sul terreno numerose perdite. Nel dicembre dello stesso anno, il provveditore di Palmanova arma un esercito di 3.000 uomini con i quali inizia le scorrerie attorno a Gradisca, allora fortezza asburgica.

Sono tentati diversi assalti, dopo adeguata pre-

▲ *Girolamo Cornaro, capitano delle milizie venete*

parazione ossidionale, ma tutti quanti si rivelano un fallimento, comportando perdite enormi. A fine marzo del 1616 i Veneziani ripiegano su Mariano. Per maggio, Venezia si riorganizza anche grazie ad alleati francesi che accorrono numerosi fra le sue fila con circa 4.000 uomini. Con queste nuove forze accettano battaglia a Lucenico il 2 maggio 1616 che si risolve nuovamente in un fiasco. La guerra diventa per certi versi una guerra di posizione, soprattutto nella zona carsica e nel monfalconese. Il comandante imperiale Trautmansdorf tenta una sortita da Gradisca che però viene contenuta e respinta anche se a prezzo di grosse perdite. All'inizio del 1617 Venezia cambia il comandante in capo offrendo il posto a Giovanni de Medici. Gli austriaci e gli slavi dal canto loro rinforzano le loro posizioni e passano anche al contrattacco attaccando Luce-nico ma sono a loro volta respinti.

Questo consente ai veneziani di riprendere l'offensiva su Gradisca. Lo fanno con vigore superando l'Isonzo in più punti, ma alla fine gli imperiali tengono bene su tutte le posizioni.

Finalmente giungono i contingenti olandesi, 4.000 soldati professionisti. Con essi i veneziani danno vita ad un'offensiva ancora più robusta.

Nel giugno gli imperiali si ritirano su tutta la linea e perdono anche il loro mitico comandante, ucciso da un colpo di cannone. Tuttavia riescono a respingere ben tre assalti su Gradisca.

L'assedio costa tantissimo, il contingente olandese ha perso la metà dei suoi effettivi. Ne approfittano gli imperiali che ricevuti nuovi rinforzi si riprendono in breve tutte le posizioni precedentemente perse. Un giovane ed allora semi sconosciuto Albert von Wallenstein porta nuovi rinforzi e rifornimenti al forte Stella ed a Gradisca. Nel frattempo hanno inizio anche operazioni sul mare. Una flotta spagnola rompe il blocco e si porta nell'alto adriatico infliggendo gravi danni alla contrapposta flotta veneziana.

Venezia cerca di correre ai ripari mobilitando una nuova flotta di oltre 90 galee e navi minori e assolda anche navi di corsari inglesi e olandesi. Vienna si fa prudente e accetta di aprire trattative di pace che si terranno a Parigi nel mese di novembre. Queste trattative portano ad una tregua di cui subito se ne approfittano gli spagnoli per rinforzare i loro contingenti che occupano le fortezze assediate. Gli alleati olandesi si ribellano ottenendo alla fine garanzie. Ai primi del 1618 la tregua continua a reggere permettendo così un ristabilimento della status quo ante guerra.

L'Austria si impegna ad allontanare gli *uscocchi* dai territori loro precedentemente assegnati, e che furono la causa dei problemi derivati dalle loro scorrerie, mentre a Venezia è chiesto di rendere tutte le piazze faticosamente occupate.

APPENDICE 2

LA GUERRA DEGLI OTTANT'ANNI

LA RIBELLIONE DELLE PROVINCIE UNITE ALLA SPAGNA

Quando iniziò il conflitto della guerra dei 30 anni, ve ne era già in corso uno che durava da mezzo secolo e che vedeva contrapposti da un lato la grande potenza spagnola e dall'altro la piccola ma agguerrita Repubblica delle province unite.

Scoppiato infatti nel 1568, esso terminò con la guerra dei 30 anni nel 1648 grazie alla pace di Westfalia che così pose fine a due grandi guerre.

Gli antefatti della guerra risalgono agli inizi del regno di Filippo II, sovrano per diritto ereditario anche delle diciassette province dei Paesi Bassi (gli attuali Belgio, Lussemburgo, Olanda e parte della Francia settentrionale).

Il re di Spagna era determinato ad attuare nei Paesi Bassi, dov'erano presenti forti minoranze calviniste, la riforma cattolica, ma anche a limitare l'autogoverno locale accordato dai suoi predecessori. Ciò provocò la sollevazione della fazione calvinista, in maggioranza dislocata nel nord del paese, e capeggiata da Guglielmo I d'Orange.

Questo conflitto locale fu combattuto in modo talmente aspro e con un tale dispendio di energie da condizionare inevitabilmente anche la guerra che stiamo trattando. La Spagna fu infatti costretta a versarvi innumerevoli energie che altrimenti avrebbero permesso agevolmente agli Asburgo di chiudere la partita con i protestanti tedeschi in Germania in breve tempo.

D'altra parte la calvinista Olanda, forzata com'era a difendere la sua libertà non poteva fare molto per aiutare gli alleati protestanti.

La Repubblica delle Province Unite nasceva così nel 1588, e solo più tardi venne riconosciuta in-

▲ *Esodo dell'esercito spagnolo da Maastricht, 1632. Jan van de Velde (II). Rijksmuseum Amsterdam*

ternazionalmente mediante i trattati di alleanza da questa conclusi con Francia e Inghilterra.

Nel 1590 moriva Filippo II, lasciando reggente dei Paesi Bassi spagnoli la figlia Isabella andata in moglie nel 1599 all'arciduca Alberto d'Austria. Ciò provocò una recrudescenza del conflitto con le Province Unite. Il condottiero genovese Ambrogio Spinola, nominato comandante delle forze spagnole, conquistò Ostenda nel 1604 e combatté efficacemente i ribelli olandesi fino al 1609. Nello stesso 1609 si ebbe il famoso cessate il fuoco firmato dal nuovo sovrano Filippo III.

Periodo chiamato anche tregua dei 12 anni fra le province unite olandesi e i paesi bassi spagnoli.

Questa tregua venne firmata all'Aia presenti la Francia e l'Inghilterra in qualità di osservatori.

Le province ribelli approfittarono in modo costruttivo di questa tregua per produrre con no-

▲ *Federico Enrico, Principe d'Orange, opera di Michiel Jansz van Mierevelt. Riikmuseum Amsterdam. Federico Enrico diede prova di essere un generale assai valente, ed un uomo di stato ancora più capace. Per ventidue anni egli rimase a capo del governo delle Province Unite, e fu in questo periodo che il potere degli Statolder raggiunse il suo più alto punto..*

tevoli sforzi e sacrifici tra gli altri una potente e moderna flotta navale, arma questa che provocherà enormi problemi alla Spagna (ma non solo) nel corso della guerra successiva.

Dopo la fine della tregua dei 12 anni la guerra riprese con irruenza da parte della Spagna nel tentativo di chiudere la faccenda una volta per tutte e piegare le province ribelli.

Nel 1621 morì il governatore l'arciduca Alberto d'Austria. Dato che il suo matrimonio con Isabella di Spagna era rimasto senza figli, i Paesi Bassi ritornarono sotto amministrazione spagnola.

Isabella rimase comunque la governatrice, ma non seppe prevenire il risorgere del conflitto tra le truppe spagnole e le province ribelli.

Nel 1622 venne respinto un attacco spagnolo all'importante fortezza città di Bergen op Zoom. La ripresa della guerra segnò all'inizio dei punti alla causa spagnola, ben sintetizzati dalla resa di Breda, avvenuta ad opera dello Spinola nel 1625 ed immortalata dal genio artistico del Velásquez. *"Dio è spagnolo e in questi giorni combatte per il nostro paese"* così si disse in quell'anno particolarmente fortunato per la corona di Madrid.

Oltre alla conquista di Breda fu infatti sventato un tentativo di sbarco inglese a Cadice, respinto l'attacco all'alleata Genova e terminato con la flotta spagnola che sconfisse gli olandesi in Brasile. Tuttavia Olivares non si faceva illusione sulla possibilità di riportare le province unite sotto la corona spagnola. Il 23 aprile di quello stesso anno morì il vecchio statolder principe Maurizio

▲ *Mappa della città di Maastricht.. Antica incisione olandese. Collezione privata*

▲ *Allegoria coeva sui negoziati di pace con la Spagna, 1632. In una sala da ballo i sovrani europei danzano insieme. Sul pavimento ci sono sparsi ramoscelli di ulivo simboli della pace. Si riconoscono il re francese Luigi XIII con il Delfino, il principe d'Orange e lo svedese Generale Torstenson, il re spagnolo Filippo IV, l'imperatore Ferdinando II, il Duca di Baviera e il cardinale-Infante Ferdinando d'Austria. In primo piano a testimoni stanno i duchi di Venezia, Firenze e Genova. Morto sotto un tappeto si trova Gustavo Adolfo, re di Svezia. Sullo sfondo a destra un'orchestra di gesuiti suona sotto la guida di Papa Urbano VIII.*

di Nassau, che lascio le leve del comando al fratellastro Federico Enrico d'Orange Nassau, che rimarrà comandante generale fino al 1647.

Questi iniziò subito una seria e tenace campagna militare che non tardò a produrre diversi successi. Nel 1627 operò la riconquista della città di Groenloo nella Gheldria. L'anno successivo diverse fortunate scorrerie navali negli oceani fornirono numeroso denaro e argento strappato alle navi spagnole depredate. Nel 1629 Federico Enrico di Nassau mise sotto assedio la città di Boscoducale che si arrende a settembre. Tuttavia nello stesso periodo il generale imperiale Montecuccoli conquista la città di Amersfoort nei paesi bassi centrali. Gli olandesi ripresero l'iniziativa in maniera decisa nel 1632, anno in cui caddero in loro mani le città di Maastricht, Roermond e di Venloo, durante la famosa "marcia sulla Mosa". Nello stesso anno viene soffocata nel sangue una rivolta nei Paesi Bassi meridionali.

Nel 1633 gli olandesi riprendono l'iniziativa tentando senza successo la conquista di Anversa e di Bruxelles. In questa occasione la cosa che lasciò maggiormente sconcertati i comandanti olandesi, fu constatare che la popolazione dell'Olanda meridionale, investita nella campagna militare, non fornì loro alcun supporto, ne mostrò entusiasmo nei confronti delle armate delle province unite. Era ormai chiaro che la nuova generazione nata nelle Fiandre e nel Brabante, cresciuta e formata all'educazione cattolica, mal conciliava le pretese calviniste spesso preferendo ad esse le politiche degli occupanti spagnoli. Divenne pertanto evidente che al punto in cui si trovavano le cose, risultava impossibile per la Spagna restaurare il loro governo nelle province unite a nord, e per la Repubblica olandese riconquistare il sud. Nel 1633 la governatrice Isabella, di propria iniziativa e senza consultare la corte di Madrid tentò di aprire segrete trattative di pace dirette con la Repubblica Olandese.

Tuttavia queste trattative non approdarono ad alcun successo. La stessa reggente Isabella morirà pochi mesi dopo. L'anno successivo, il quattro novembre 1634 viene nominato il nuovo governatore dei Paesi Bassi nella persona di Ferdinando d'Austria, il famoso cardinale infante.

Questi, dotato di carattere energico e rinforza-

to dalla fama derivatagli dalla grande vittoria di Nordlingen, profuse molta energia ed impegno nel proprio lavoro e nel 1635 conquistò alla Spagna le città di Sierck le Bains e Treviri.

Il 19 maggio dello stesso anno però la Francia dichiara guerra alla Spagna, ed un potente alleato andava ad unirsi ai "ribelli" olandesi.

La guerra proseguì fra alti e bassi e le truppe francesi insieme a quelle olandesi sconfissero gli spagnoli in diverse battaglie di confine conquistando alcune cittadine nel sud dei Paesi Bassi come Ten, Diest e Aarschot.

Gli spagnoli reagirono effettuando nel corso del 1636 un'invasione della Francia del Nord giungendo fino alla città di Corbie.

Nel 1637 l'esercito olandese, sempre sotto la guida

▲ *Il principe Federico Enrico d'Orange e il duca Ernesto Casimiro all'assedio di Hertogenbosch del 1629_(Pauwels van Hillegaert)*

di Federico Enrico pose sotto assedio la città di Breda. Nello stesso anno, un altro Orange, Giovanni Maurizio di Nassau divenne governatore del Brasile olandese fino al 1644 gettando le basi del nascente impero coloniale olandese che finirà per comprendere anche Macao, buona parte dell'India orientale, Ceylon, Formosa, le Filippine, il Brasile appunto e altri territori (negli stessi anni veniva anche fondata sulle coste del Nord America la città di New Amsterdam la futura New York). Il cardinale infante iniziò quindi una nuova campagna militare nel Limburgo che portò alla conquista della città di Venloo il sette agosto 1637, oltre ad alcune piazzeforti in territorio francese. Tuttavia non poté impedire la definitiva riconquista olandese di Breda. Il 20 giugno 1638 una nuova armata olandese al comando di Guglielmo di Nassau tentò nuovamente la conqui-

sta di Anversa, ma anche questa seconda impresa non ebbe successo. La Spagna a sua volta elaborò quindi un nuovo tentativo di concludere la guerra inviando una "invincibile Armada" navale che partendo dalle coste dell'Olanda meridionale avrebbe dovuto chiudere ogni spazio marittimo alla repubblica ribelle. Queste navi però finirono per incontrare la potente flotta olandese con le quali ingaggiarono la battaglia di Downs. Quella che seguì fu una terribile sconfitta per la flotta spagnola, che venne completamente distrutta e dei 24.000 marinai imbarcati ne morirono ben 15.000. Delle 77 navi ben 60 furono colate a picco. Nel frattempo la Spagna subiva un'altra pesante disfatta al suo interno, il Portogallo si ribellava e ritornava ad essere un paese indipendente finendo per allearsi con i ribelli olandesi.

Anche la Catalogna si sollevò in una rivoluzio-

▲ *Assedio e conquista della città di Hulst da parte spagnola il 5 novembre 1645. Tela di Hendrick de Meijer. Rijksmuseum*

ne contro il potere di Madrid che durò fino al 1652. Nel 1641 il cardinale infante rinunciò alla carica di governatore dei Paesi Bassi meridionali e fu sostituito da Francisco Melo. Nello stesso anno cadde in mano olandese anche la città di Gennep. Gli spagnoli intanto orientarono quasi tutti i loro sforzi bellici contro le truppe francesi ad Ovest, e nel 1642 invasero parecchio territorio francese ottenendo diverse vittorie.

Gli olandesi nello stesso periodo assunsero un atteggiamento relativamente pacifico di sostanziale tregua dato che avevano elaborato il potenziale pericolo di avere la Francia come nuovo confinante in caso di tracollo dei paesi bassi spagnoli. Fatto questo che spinse la Spagna a tentare nuovi negoziati di pace che tuttavia il generale olandese Federico Enrico rifiutò. Sul fronte francese dopo i primi successi iniziali, il 16 maggio 1643 le truppe spagnole subirono una pesantissima sconfitta a Rocroi. Questa sconfitta fu di gravità simile a quella navale patita dalla flotta a Downs e provocò l'immediato allontanamento del governatore Melo sostituito da Manuel Castel Rodrigo.

A seguito di queste grosse sconfitte e delle pesanti tensioni interne la potenza della Spagna precipitò in una profonda crisi irreversibile.

Il suo esercito, o quanto di esso era rimasto, era ormai incapace di fare fronte agli avversari che di conseguenza conquistarono città dopo città.

Nel 1646 lo statolder olandese Federico Enrico tentò nuovamente, per la terza volta l'assedio su Anversa, questo fu però il suo ultimo tentativo perché l'anno successivo morì e venne sostituito nella carica da Guglielmo II. Il nuovo governatore dei Paesi Bassi olandesi fu intanto nominato nella persona di Leopoldo d'Austria.

Contemporaneamente iniziarono i trattati di pace di Munster in Westfalia che si rivelarono subito favorevoli sin dai primi orientamenti alla Repubblica olandese, anche se la stessa non era inizialmente stata invitata formalmente a partecipare ai trattati. La maggior parte degli olandesi

▲ *Ritratto di generale spagnolo (il Tiburcio) Museo del Prado.*

si disse pronta a mettere la parola fine a questa guerra infinita, anche se alcune province come la Zelanda, avrebbero voluto combattere fino alla sconfitta definitiva della Spagna.

Nel gennaio 1646, 8 rappresentanti delle province unite finalmente vennero a negoziare a Münster con gli spagnoli. I negoziatori spagnoli avevano estese procure nelle trattative di pace da parte del re Filippo IV alla disperata ricerca di una pace duratura, e riconobbero ufficialmente la Repubblica. Il 30 gennaio 1648 il testo di pace fu approvato ed il successivo 15 maggio essa fu definitivamente resa operativa.

▲ *Altra nota incisione di Federico Enrico, Principe d'Orange in superba allegoria militare con il mazzo dei suoi ducati. Opera di Willem Outgertsz. Akersloot, da Adriaen Pietersz. van de Venne. Riikmuseum Amsterdam.*

INDICE

DEL SECONDO VOLUME

L'OPERA COMPLETA
SU CINQUE VOLUMI

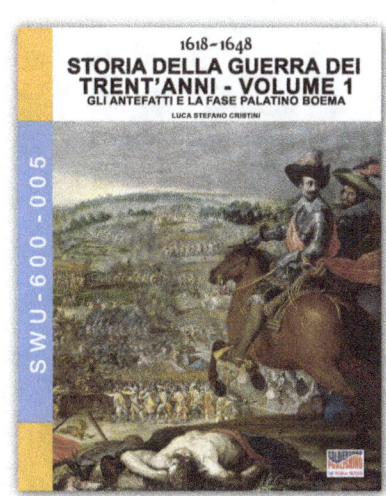

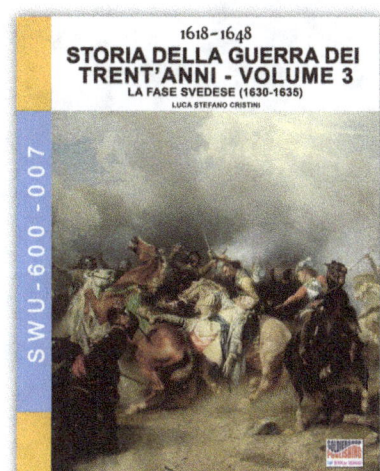